广 雅

聚焦文化普及，传递人文新知

广 大 而 精 微

故事里的中国 7

公孙策 著

帝王之路

广西师范大学出版社

·桂林·

帝王之路
DIWANG ZHI LU

本书中文繁体字版本由城邦文化事业股份有限公司-商周出版在台湾出版，今授权广西师范大学出版社集团有限公司在中国大陆地区出版其中文简体字平装本版本。该出版权受法律保护，未经书面同意，任何机构与个人不得以任何形式进行复制、转载。

著作权合同登记号桂图登字：20-2022-058 号

图书在版编目（CIP）数据

帝王之路 / 公孙策著. --桂林：广西师范大学出版社，2023.10
（故事里的中国；7）
ISBN 978-7-5598-6355-3

Ⅰ．①帝… Ⅱ．①公… Ⅲ．①皇帝－列传－中国－古代 Ⅳ．①K827=2

中国国家版本馆 CIP 数据核字（2023）第 183099 号

广西师范大学出版社出版发行

（广西桂林市五里店路9号　邮政编码：541004）
（网址：http://www.bbtpress.com）
出版人：黄轩庄
全国新华书店经销
广西广大印务有限责任公司印刷
（桂林市临桂区秧塘工业园西城大道北侧广西师范大学出版社集团有限公司创意产业园内　邮政编码：541199）
开本：787 mm × 1 092 mm　1/32
印张：9.875　　　字数：197 千
2023 年 10 月第 1 版　2023 年 10 月第 1 次印刷
定价：58.00 元

如发现印装质量问题，影响阅读，请与出版社发行部门联系调换。

序
什么是天命？

史书上一再出现一个词"王者不死"，意思是，某人系"天命所归"，所以能大难不死，甚至屡屡逢凶化吉，想要害他的人都不成功，因此说他是上天注定的"王者"。可是这个说法是倒果为因，其实是某人在群雄逐鹿天下的淘汰赛中赢得了最后胜利，其他逐鹿对手都死了、投降了，而他没死、胜利了，他才成为王者。

本书选择的五位开国君主，都是因为前朝天命终结而兴起，其中只有曹操未能建立"天命"，另外四位：刘邦、刘秀、李世民、朱元璋都建立了一个长久的王朝。他们也因此赢得了撰史权，史书上于是充斥关于他们的各种神迹，例如：母亲与龙交合而生、相貌隆准日角、黄龙现身出生地、出生时二龙戏于门外、生产时红光满室等，也是要为他们的"天命"做佐证。

然而他们确实屡次逢凶化吉，难道真是因为生有异象、王者不死吗？还是他们在关键时刻做对了什么？本书要窥探的,就是他们在关键时刻,面对机会出现(好运或危机)时所做的决断。他做了什么或没做什么?是在怎样的情境、心境之下,依循怎样的思考做出决定?至于曹操,正好是一个对照,他距离一统天下可说只差一步之遥,他的功业更丝毫不逊于另外四位,那么,他又为什么可以称帝而终其一生不称帝?

为此,本书在述说历史时,增加了两个单元"赞"和"觇",前者是评论,近似史书作者的曰、言,后者是觇探当事人在当下的心境,和他做成决定、采取作为的思考因素。

用这样的方式说历史故事,其实是希望带动一种学习历史的方法。钱穆先生说:"读历史要在现实中找问题,到历史里寻答案。"然而时空迥异、人事殊非,想要复制前人的成功,事实上不可能,但是进入历史情境,体会前人当时的心境,探索他们取得成功或化险为夷的决策思考——当时局势中,何者可为、何者不可为,甚至该赌、不该赌,却是可以学到,而且有事实结果可验证的。

释"天命"

"天命"不应该是阴阳学的定义,本书对"天命"尝试做不一样的诠释。

上古时代有信仰而无宗教,农业民族凡事看老天的脸色,于是人们信仰"天"。而地上的政权为了巩固它在人民心中的正当性,乃宣称自己得到"天命"。

尧舜时代的禅让制度,不必托言天命,因为人心(四方部落)认同舜、禹最贤能,他俩继承尧、舜为领袖理所当然。可是,禹死后,四方部落不归向禹所指定的继承人益,而归向禹的儿子启,因为启比较贤能,却就此走入君主世袭。

夏朝传到桀,桀暴虐,商汤伐桀是顺应人心,但是夏朝建立既久,人心认同夏朝有"天命",商汤要颠覆夏朝的正统,于是在誓师之时说"有夏多罪,天命殛之",凯旋之时又说"敢昭告于上天神后",意思是夏朝失去了天命,并于人心广植"商朝有新天命"的观念。后来商朝传到纣,纣暴虐,周武王伐纣,同样模式再现,"商罪贯盈,天命诛之"。

简单说,所谓"汤武革命、顺天应人","应人"是必要条件,"顺天"则是充分条件。

到了春秋时代,虽然周天子沦为名义上的诸侯共主,已经毫无实力,可是当楚庄王向周王室"问鼎"时,王孙满仍能理直气壮地回答"天命未改"。

楚庄王当时讨伐戎人得胜,班师途中将大军开到雒邑城外示威,派出使者向周天子"问鼎",王孙满对楚使说:"重点在德而不在九鼎,周王室虽然式微,天命却还没改变,不是你们楚王可以问的。"王孙满这番话点出了一个铁则:若前一个"天命"尚未终结,就没有下一个"天命"。

直到秦始皇削平六国,周朝的"天命"才结束了。秦始皇得了天下后,用和氏璧镌刻一方传国玺,玺文"受命于天,既寿永昌",目的当然是彰显秦朝建立是拥有"天命"的,可是这方传国玺却在仅仅十五年之后就被呈献给了刘邦。刘邦拿到了传国玺，并且击败项羽得到天下，但是汉朝的"天命"却不是因传国玺而建立，而是因为西汉政府的治理得人心，国祚延续了两百多年。

于是对前述铁则有必要做一些修改：周的天命告终，而秦的天命不能建立，汉朝才有了机会。虽然必要条件"应人"不变，但充分条件"顺天"不同了："天命"不是制造神话或拥有传国玺就能建立，必须年祚够长，而年祚久远则建立在治理得人心上面。汉朝董仲舒说得最明白："天之生民，非为王也；而天立王，以为民也。故其德足以安乐民者，天予之；其恶足以贼害民者，天夺之。"简单说，就是得人心才能得天命。

本书五位主人翁都是在前朝失去"天命"，兵革四起的情势下，赢了逐鹿大赛，后来也能长治久安，乃建立了"天命"。

公孙策

【原典精华】

楚子问鼎之大小轻重焉。对曰:"在德不在鼎。……桀有昏德,鼎迁于商,载祀六百。商纣暴虐,鼎迁于周。……周德虽衰,天命未改。鼎之轻重,未可问也。"

——《左传·宣公三年》

目录

序 ... i

什么是天命？

卷一

流氓得天命

汉高祖刘邦

(一) 男儿立志——大丈夫当如是也 ... 8

(二) 超越项羽——夺项王天下者，必沛公也 ... 19

(三) 大胆用人——明修栈道，暗度陈仓 ... 33

(四) 脸皮够厚——必欲烹尔翁，分我一杯羹 ... 46

(五) 诛杀功臣——安得猛士兮守四方 ... 53

(六) 万世一系——非刘氏而王者，天下共击之 ... 61

卷三

宦官后人终不得天命
——三国魏武帝曹操

133 (一) 千古定论——治世之能臣,乱世之奸雄
141 (二) 睥睨群雄——挟天子以令诸侯
151 (三) 赤壁之战——一着错天下三分
161 (四) 自明本志——终于未能称帝
168 (五) 立储正确——成功套用周文王模式

卷五

赤贫阶级得天命
——明太祖朱元璋

251 (一) 红巾军起义——小和尚成了副元帅
258 (二) 龙盘虎踞——高筑墙,广积粮,缓称王
265 (三) 鄱阳大战——灭陈友谅抚平东南
275 (四) 大局在握——遥控各路远征军
282 (五) 诛杀大臣——削除帝国权杖上的蒺藜刺
291 (六) 绝对皇权——大明王朝的性格就此确定

跋

298 得人才者得天命

卷二

东汉光武帝刘秀

75　（一）起义前后——娶妻当得阴丽华

82　（二）能伸能屈——从昆阳到洛阳

91　（三）大度能容——推赤心入人腹中

102　（四）驱狼赶虎——借赤眉灭玄汉

109　（五）一统天下——既得陇，复望蜀

118　（六）光武中兴——因袭西汉，以柔道治天下

卷四

豪族子弟得天命

唐太宗李世民

185　（一）关陇集团——没有隋炀帝就没有唐太宗

192　（二）隋失其鹿——李渊举兵入关中

201　（三）用兵如神——削平河北群雄

211　（四）骨肉喋血——玄武门兵变

222　（五）天可汗——中华夷狄，爱之如一

231　（六）贞观之治——水能载舟，亦能覆舟

卷一

流氓得天命

汉高祖刘邦

——"吾以布衣提三尺剑取天下,此非天命乎?"

秦失其鹿，天下共逐之，这是刘邦的时代背景。有道是"时势造英雄，英雄造时势"，如果不是时代发生巨变，刘邦恐怕终其一生都只是个不务正业的流氓。

然而，天下事实上大乱了，乱世一定出英雄，而刘邦在群雄逐鹿的乱世中最后胜出，这是时势造英雄；刘邦建立了大汉帝国，而西汉盛世使得天下人认同自己是"汉人"，也就是说，刘邦建立了一个"天命"，这是英雄造时势。

一个流氓凭什么完成如此功业？从流氓变成英雄，再变成天子，这不是普通的蜕变，不是轻松一句"时势造英雄"可以涵盖说明。要觇探这个蜕变过程，最先得了解那个时代发生了什么巨变。"秦失其鹿"是怎么回事？秦始皇威服天下，秦帝国却在他死后隔年就天下大乱，第四年就灭亡，是怎么搞的？

秦国削平六国其实有着历史的必然性，因为两百多年的战国时代，使得天下人渴望和平，而当时秦国的制度最受天下人欢迎，也就是说，秦王政完成统一是"时势造英雄"；而嬴政成为秦始皇之后，展现了雄才大略，想要建立一个万世一系的帝国，那是"英雄造时势"。

问题在于，秦政府却没能跟上秦始皇的雄才大略：一个中央集权的帝国，首要之务是废除封建，施行郡县制。可是秦国的集权政府原本只统辖关中，一下子要在三百多万平方公里的疆域内，建立号令一致的统一帝国，中央集权的控制要到达神经末梢，短时间内肯定是不可能完成的任务。单以郡县制的官吏来源而言，就是一个大问题，各级地方政府严重缺乏行政人才，却硬要推行新法，就只能用严刑厉法、高压执行，于是"天下人不敢言而敢怒"。等到秦始皇死了，老百姓惧怕的那个"天威"不在了，人民的怒气一股脑涌出，加上秦二世失政，于是"秦失其鹿"。

天下豪杰群起逐鹿了，可是刘邦又是怎么击败群雄的呢？

严格说来，刘邦其实只击败了一个对手——项羽。实际的发展过程是，项羽击溃了秦军，且一度宰制天下，但是他却惹翻了大多数的逐鹿对手，而刘邦能够网罗或联合各方豪杰，最终击败了项羽。也因此有这样的评论：刘邦其实没太大才能，只是善于用人再加上运气好而已。这个评论真的太"瞎"了。在那个英雄豪杰辈出的年代，善于用人正是最重要的才能，而他的对手项羽又偏偏最会把人才往外推，于是刘邦赢了。

"善于用人"简单四个字,其实涵盖很多面向。刘邦曾经对诸将吹嘘:"项羽有一范增却不能用,而我能用萧何、张良、韩信。"但刘邦的最长处却不在知人善任,而在于他知道且承认别人比他优秀,却不怕也不嫉妒别人比他优秀,因此刘邦敢用比他优秀的人。他总是头脑里清楚"当下谁是主要敌人",因而能够放下身段笼络潜在对手,如韩信、彭越;并容忍"不会造反"的人,萧何自污、张良辟谷,就是这两位聪明人懂得如何让刘邦放心。他也从不拒绝任何有用的建议,可是一旦出现更好的建议,又能够不顾颜面立即改换策略,例如原本制作印信以笼络六国后人,在听了张良一番话后立即销毁。

至于运气好(传统所谓的"天命"),刘邦一生确曾接到很多次"天上掉下来的机会",但重点在于,当机运出现时,他的反应或决策总是能充分利用机会,那是运气?还是才能?

也有人发现,刘邦一生几乎都是被动,很少采取主动。事实证明,刘邦被动掌握机会的决策几乎都是成功的,被动却能够顺应时势、把握机会、取得胜利,跟他的流氓性格大有关系。流氓没有身家背景,没有社会资源,凡事靠朋友相帮,因此珍惜友情,爱护部属;流氓性格也使得他能够不在乎面子、荣誉,一切生存至上,先拿实利再说;同时他必须能忍受痛苦、承受风险,却也因而不为土地、资产所拘束,大大增强了他的生存能力。这正是他数度惨败后能够咸鱼翻身的最重要原因——他跟着感觉走，不会强求自己跟部属去完成一个遥不可及的远大目标，能力到哪里，就做到哪里，印证马援评论"高祖无可无不可"（事见第二卷）。

从时代角度分析刘邦击败项羽的原因：首先是顺应大势，前面述及秦始皇废封建是回应时代需求，可是项羽却大封诸侯，开了时代的倒车；其次，秦始皇未能完全消灭的，是周朝以来的"贵族／庶民"阶级划分，而项羽处处展现贵族气息，刘邦则因出身农民阶级，符合"打破阶级"的大势；其三，项羽对诸侯、诸将态度傲慢，例如他在钜鹿之战大显威风之后，钜鹿城外那些怯战而只敢作"壁上观"的诸侯进入项羽大营，都匍匐前进"莫敢仰视"，刘邦却能压抑脾气，容忍部属或盟友跋扈（如韩信请求当齐王）。所以最后的结果是：六国的后代多半都被项羽消灭了，而出身草莽的韩信、彭越、英布等，都弃项羽而投刘邦。

一个有趣的说法是：楚汉争霸的过程，刘邦是"失败为成功之母"，积无数小败成就最后大胜，而项羽是"成功为失败之母"，个人战无不胜，但每胜一次，地盘却变小；另一个有趣的比喻是：项羽好比拳王，刘邦则是街头老大，但是他俩的对决却不是在"绳圈内"进行，所以拳王不敌黑道。比喻得贴不贴切，请读者往下看，自有评断。

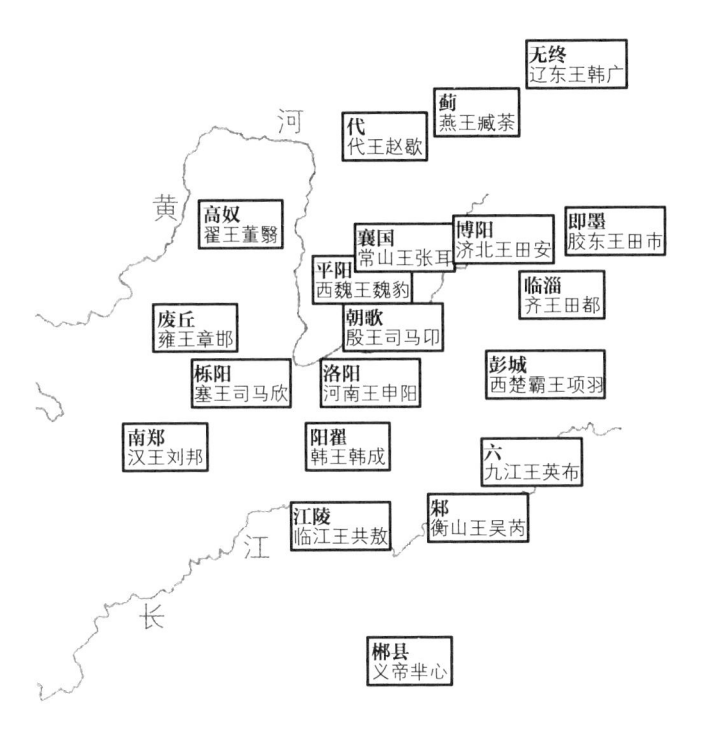

地名	王
无终	辽东王韩广
蓟	燕王臧荼
代	代王赵歇
高奴	翟王董翳
襄国	常山王张耳
博阳	济北王田安
即墨	胶东王田市
平阳	西魏王魏豹
临淄	齐王田都
废丘	雍王章邯
朝歌	殷王司马卬
栎阳	塞王司马欣
洛阳	河南王申阳
彭城	西楚霸王项羽
南郑	汉王刘邦
阳翟	韩王韩成
六	九江王英布
江陵	临江王共敖
邾	衡山王吴芮
郴县	义帝芈心

△项羽分封天下

一 男儿立志

大丈夫当如是也

刘邦是流氓,但刘家并不贫穷。刘邦有个异母弟刘交,是荀子的学生浮丘伯(与李斯、韩非同窗)门下弟子,简单说,刘太公有能力娶不止一个老婆,还有能力供儿子投入名师门下。而刘邦"不事家人生产作业",除了显示刘家有田地,也显示刘邦作为农家子弟却不种田、不务正业、游手好闲,所以说他是流氓。

刘邦的流氓性格事实上影响了他一生的事业。

起义之前,刘邦唯一曾经干过的正业是泗水亭长。秦制每十里一亭,亭长掌管治安、民事及过往旅客,用流氓管理治安与户口,在基层官吏缺乏训练的当时,不失为压制良民的有效方法。刘邦因为担任亭长而能结交沛县的小吏(基层公务员),而且能够跟大伙称兄道弟。

起初刘邦带着兄弟去寡嫂家里吃喝,嫂嫂很讨厌他,好几次故意在灶间用勺子刮锅子发出声响,兄弟们听见锅子已经见底,当然识趣地告辞。嫂嫂那里混不到吃喝,刘邦另外找到施主,一个姓王、一个姓武,两位妇人都经营酒肆。刘邦带着兄弟去吃喝,总是豪爽地加倍给酒钱,但事实上他常常赊账,到年底结算时,王大娘、武大嫂往往将刘邦的赊账一笔勾销。

刘邦能够结交的都是小吏,但是有一件事情却让大吏对他另眼看待:一位有钱人吕公为躲避仇家,来到沛县依附县令。吕公摆酒款待沛县的豪杰、县吏,主吏萧何帮吕公主持酒宴,向来宾宣布:"致赠礼金不满一千钱的,坐在堂下。"刘邦写了一张礼帖"礼金一万",但事实上没带一文钱。

吕公被这张礼帖惊动了,起身到门前迎接这位贵客。而萧何是知道刘邦底细的,怕县令的贵客被一张空头礼帖蒙了,便对吕公说:"刘季这个人,大话说很多,可是很少兑现。"但吕公完全不介意,因为他会看面相,一见刘邦面相不凡,非但不介意刘邦"空手到",态度还特别礼遇,亲自引他入座。席间吕公更一再以目示意,要刘邦吃完酒席后留下来,甚至还将女儿吕雉嫁给刘邦。(吕公可能真会看相,他的另一个女儿嫁给了樊哙,当时只是个屠狗的,后来追随刘邦打天下而封侯。)

萧何这下对他另眼相看了,这个流氓亭长虽然大言夸夸,却懂得把握机会推销自己,从此对刘邦特别照顾。当时亭长有一个任务是押送"骊山徒"去咸阳做工——秦始皇征用天下囚徒到骊山,兴筑阿房宫和修他的陵墓,这些囚徒就被称为骊山徒。亭长的出差费是三到五枚大钱(一枚大钱等值于一百小钱),萧何总是给刘邦五枚。

刘邦到了咸阳,眼界大开,当看见秦始皇出巡的车仗时,他脱口而出:"大丈夫当如是也!"这句话数千年来被拿来跟项羽那句"彼可取而代也"做对比。项羽是故楚国贵族后人,看见秦始皇的排场,立兴取而代之的念头;刘邦是平民,且好逸恶劳,乃只想"做人做到那样才叫大丈夫"。无论如何,刘、项二人都敢"做大梦",才会有后来的大事业。

天下囚徒齐聚骊山,天下亭长也都到了咸阳,亭长与亭长,囚徒与囚徒,想必一同居住、吃喝、闲聊,亭长与囚徒于是都见闻广博,不再是乡下草民,后来抗秦起义能够一呼百应,跟骊山徒与编户(平民)戍卒勇于带头造反很有关系。

刘邦最后一次押送骊山徒的任务,使他做出了一生中第一个重大决定。

那一次,队伍才离开沛县进入大泽区,就有囚徒陆续逃跑,于是在丰邑西边的沼泽地带(刘邦是沛县人,丰、沛二县都滨临古沛泽)停下来,请大伙喝酒。刘邦对这批囚徒役工说:"兄弟们各自散去吧,我也要就此消失了!"趁夜将全体徒众纵放,其中有十几位选择追随刘邦逃亡。

砚

当下刘邦必须做出抉择,要不要继续往前走?有可能距离家乡愈远,囚徒就愈不敢逃跑,他可以将没逃跑的囚徒带到咸阳;也可能逃亡情况会愈严重,最后只剩下他一个人。但无论哪一种情形,他都将不免于严苛的刑罚。

刘邦心想:"这样子去到咸阳,我自己也要成为囚犯了。"于是他的流氓性格开始发酵,豪爽地纵放了所有囚徒,却因此有了第一批"革命弟兄"。

刘邦与追随者带着酒意走在沼泽区,派一人在前面担任尖兵。走着走着,尖兵回报:"前面有一条大蛇挡在路上,咱们回头吧!"

刘邦仗着酒意,说:"男子汉大丈夫,怕什么?"走上前去,拔出剑将那条大蛇斩为两段。小径通了,众人继续前行。

后面队伍走到大蛇被斩地点,看见一位老妪在黑夜中哭泣,问她怎么了?老妪说:"我的儿子被人杀了。"

"你的儿子为何被杀?被谁杀了?"

"我的儿子是白帝之子,化身为大蛇,却被赤帝之子斩了,所以我在此哭泣。"

众人以为她胡言乱语,那老妪却突然不见了。等到后面队伍追上主队,刘邦酒也醒了,有人将方才路上所见所闻告诉他,刘邦内心窃喜(不是惊异,不是害怕,而是窃喜),而追随者因此对他愈来愈敬畏有加。

觇

这则故事出自《史记》的记载,司马迁写《史记》态度严谨,舍弃了很多他认为荒诞不经的材料,却收录了这一段。相信不是司马迁拍马屁,而是这个神话与其他关于刘邦的神话都流传久远,且为楚地人们言之凿凿。这些神话包括:刘邦的母亲在大泽中与蛟龙交配而生下他;刘邦的左大腿有十二颗黑痣,醉卧时身体上方常常有蛟龙现形。

这些神迹传说在刘邦藏匿大泽时期被夸大,尤其是别人都找不到他,只有他的老婆吕雉(后来的吕后)总是一找就找到。刘邦问她怎么找到的,吕雉说:"你藏身之处的上方有云气,所以我每次都找得到。"合理地推测,吕雉纵使不是夸大神迹的主导者,也是主要角色,也因为具有如此特质,她才能在刘邦死后统御列侯诸将。

总之,沛县年轻人听说那些"神迹"后,就有更多人跑到大泽追随刘邦。

秦始皇驾崩,秦二世比老爸更严苛暴虐,陈胜、吴广率先揭竿起义,占领陈县称王,原楚地郡县纷纷响应,很多郡守县令主动易帜。如此现象有其原因:赵高建议秦二世树立权威,"郡县守尉有罪者一律诛之",郡县长官为之惶惶,每天都生活在恐惧当中,既然有人带头,当即便附和造反。而那些严格执行秦帝国严刑峻法的郡县,则是乡人杀了郡守县令,然后推一位领袖响应起义。陈胜派出的远征军将领周市,甚至一路打到函谷关,沿途郡县望风披靡。以上正是"秦失其鹿"的初期场景。

沛县就在陈县附近,沛县县令见大势所趋,也想起兵响应陈胜。沛县的主吏萧何、狱掾曹参对县令说:"阁下身为秦朝官员,如今想要起事,只怕沛县子弟不肯听命。如果阁下召唤那些躲在山泽地区的亡命之徒,可以聚集数百武力,以之胁迫沛县子弟,他们就不敢反对了。"

县令乍听之下觉得有理,于是萧何派樊哙去召唤刘邦。

当时刘邦在大泽中已经聚集了近百徒众,他当然不会放过这个天上掉下来的机会,马上行动,一群亡命之徒遂直往沛县县城而来。这时候,沛县县令却又反悔了,他担心生变,紧闭城门不让群众进城,甚至起意要杀萧何、曹参。萧何、曹参这下没有退路,两人从城墙上缒出城外,投奔刘邦。

刘邦此时面对难题:城门关了,要攻打县城吗?

第一,自己只有近百人,未必攻得下来;

第二,那样可能吓到老百姓,后头就甭想团结人心了。

于是,刘邦写了一封帛书射入城中,信上说:"天下人受秦国暴政之苦已经太久了。父老们今天如果支持县令(为秦帝国)守城,外头的世界已群雄并起,迟早会屠灭沛县。如果沛县民众一同诛杀县令,选择沛县子弟中可担任领袖的人,大家拥护他,以响应起义军,则家室可以保全,如果不这样,父子都将被屠杀,千万不要做这种蠢事!"

沛县父老见信,率领子弟一同攻杀县令。沛县一位公务车御者夏侯婴以前每次送客回县城时,常常会在泗水亭停留,跟刘邦聊天饮酒,两人因此成为好友,这时他带头开城门迎接刘邦。

觑

《史记》中这一段,司马迁文笔流畅,写来自然。

可是我们若往深处想一下:萧何、曹参是沛县政府里头最有权力的两个"吏"(上面只有县令一个"官"),

一个管白道,一个管黑道,为什么他俩会那么推崇刘邦,甚至赌上身家性命追随革命,在后来争天下的过程中,不论安危始终如一?

还有那位开城门的夏侯婴,前面提及他跟刘邦有交情。有一次,刘邦失手打伤了夏侯婴,他居然做伪证掩护刘邦,结果自己被关了一年多,这根本是"两肋插刀"了。而后来在争天下过程中,夏侯婴即使已经封了侯爵,也始终担任"太仆"为刘邦驾车,包括被匈奴冒顿单于包围在白登山那一次,也是夏侯婴载着刘邦脱险。这已经不是江湖道义可以解释,而是刘邦必有某种特殊气质,让人对他矢忠不二。这一点不只表现在一干沛县老兄弟身上,后来的张良、韩信、陈平、郦食其等也一样。

总之,刘邦在父老拥戴下成为沛公,萧何、曹参、樊哙等帮他招募沛县子弟两三千人,让他一下子成了两三千人义军的首领,这个沛公简直是天上掉下来的,难道这就是"得天命"了吗?

沛公刘邦在起义初期,与秦军互有胜负,然后刘邦做了一个重要决定:加入项梁。以刘邦的流氓性格,应该是"宁为鸡首,毋为牛后",他为什么不自己称王,要加入项梁?

揣测刘邦投奔项梁的理由：打仗靠军队，军队要吃饭，刘邦的义军在沛县、丰邑家乡还有得吃，想要走远一点攻城略地，就得解决粮食供应的问题。史书上记载，沛公几次出征得胜之后，总是"回到沛县"，应该就是为了粮食。而项梁除了有楚国名门的家世，还有楚怀王这个傀儡做号召，只要是在故楚国地界，招兵募粮都很顺利，所以刘邦加入项梁，应该不是甘居人下，而是由于现实问题。

项梁是故楚国大将项燕的儿子，项羽的叔叔。陈胜败死后，楚地义军群龙无首，一位智者范增去找项梁，说："楚国有一位预言家南公曾说'楚虽三户，亡秦必楚'。阁下自江东起兵，楚地各义军纷纷加入你的阵营，就是因为你们家世世代代担任楚国大将，期待阁下能为楚复国呀！"

项梁立即派人明察暗访，在民间找到了楚怀王的孙子芈心（芈，音 mǐ，故楚王室姓芈），虽然芈心只是个奴仆身份的牧羊人，但项梁仍拥立他为王，并且袭用"楚怀王"的名号，迅速得到楚地义军的认同。项梁自称武信君，兵权一把抓。

但是剧变发生：项梁在接连胜利之后，犯下兵家最严重的错误——轻敌。秦将章邯在获得咸阳增援之后，在定陶

（今山东菏泽市内）夜袭项梁，项梁战死，项羽、刘邦等都回军要报仇，可是章邯大军已经往北进攻赵国。

原本只是傀儡的楚怀王，这下硬气起来了，他迅速接管军队，表面上将项羽、刘邦、吕臣等项家军将领都封侯加官，实质上自己掌控军队。为了安抚军心，楚怀王跟诸将约定："先入关中者王之。"而刘邦受到楚怀王的重用，是因为他有平衡项羽的作用。

当时秦将章邯声势如日中天，楚军将领没人敢肖想"关中王"，只有项羽跟刘邦主动请缨（敢做大梦的人才敢赌大的）。楚怀王身边的老将对怀王说："楚军之前进攻关中，包括陈王（陈胜）和项梁都以失败收场，因为秦国人民对楚军存有疑虑。项羽每攻下一个城池，常常坑杀俘虏，所过之处无不屠灭。如今要进攻关中，应该派一位仁厚长者，告谕关中父老，楚军不会侵扰百姓，比较有成功的希望。沛公是一位宽厚长者，应该是合适人选。"于是楚怀王派项羽北上救赵，派刘邦西上攻秦。

这一次，刘邦已经不是亭长带领囚徒，而是远征军主帅，率领大军西进咸阳。

赞

刘邦从流氓到天子，沛县这一批老同志始终追随,不但忠心耿耿,而且"沛县团队"都能随着事业版图持续扩充而进步,能够担当更重的任务,萧何是其中的代表人物。

从在沛县慧眼识英雄开始,萧何从提拔刘邦的"贵人",改变角色成为辅佐刘邦的首席幕僚,这是非常不容易的事情,一般人肯定做不到。即以项羽阵营的范增来说吧,范增对项羽始终是倚老卖老的指导式姿态,但萧何自刘邦成为沛公以后,就一直是幕僚姿态。本章故事中,射入沛县城内的那封信,刘邦大概写不出来,最可能是萧何的手笔;后来入关,跟咸阳父老"约法三章",多半也是萧何的细腻设计。

而萧何最令人钦佩的,是进入咸阳后,刘邦在秦宫当起"大丈夫",其他诸将忙着劫掠,萧何却进入秦国丞相府,收集所有图籍文书;刘邦封起秦宫宝库回到灞上,萧何却带走了丞相府所有图籍文书。在后来的楚汉相争中,萧何因为有秦国的图籍,晓得哪个地方有多少人丁、能收多少税赋,哪个地方的谷仓能存多少粮食,而能供应前线战士,保证粮草不匮乏。更重要的是,萧何能够随着刘邦的事业扩大而提升自己,他永远是第二把手。

萧何可以被视为沛县团队能够与时俱进的例子,小小沛县居然有忒多人才,那是不是刘邦的"天命"呢?

(二) 超越项羽

夺项王天下者，必沛公也

沛公引兵西进，除沛县子弟兵外，他还收拢了陈胜、项梁的残兵，兵力达到五六千人。他率领的楚军一开始还颇顺利，打赢了两场小战，又收编了一些独立武力，也跟打着魏国旗号的义军合作。但随着兵马愈益增多，声势壮大了，粮食压力随之而来，于是他转向北方攻击昌邑，那是章邯的后勤粮仓所在。

但是昌邑的守备坚强，楚军久攻不下，刘邦盘算不能被困在昌邑，终于决定放弃，将围攻昌邑的任务留给彭越。彭越是秦末逐鹿大戏的重要角色,他基本上不离开家乡太远,领着梁地(今河南南部一带)义军在本地打游击,起先对抗秦军,后来抵抗项羽,偏偏就跟刘邦合得来。

刘邦绕过昌邑,继续向西,到了高阳(在今开封市内)。本地一位号称"高阳酒徒"的寒士郦食其,平素不治生产,好为大言,对逐鹿群雄都看不上眼,独钟情于刘邦,所以透过朋友向刘邦推荐"同乡郦先生",刘邦就派人去召唤郦食其。郦食其来到了"宾馆",沛公高踞床上,正在让女仆为他洗脚,这是非常轻慢的态度(古时床等于椅子,主人若不下床,以跪床见客为礼)。

郦食其没有拂袖而去,他面向刘邦长揖不拜,说:"阁下是要帮秦国攻打诸侯,还是想领导诸侯攻打秦国呢?"

刘邦闻言开骂:"你说的是什么屁话?说我要帮助暴秦攻打诸侯?"

郦食其说:"阁下若是要聚集兵众、联合诸侯攻秦,就不应该以这种傲慢的态度接见一位长者。"

刘邦立刻停止洗脚,起立整肃仪容,恭请郦先生上座,向他致歉,吩咐摆酒食款客,然后请教:"依先生高见,我现在西向进军关中,有什么妙计吗?"

郦食其说:"阁下纠集一些乌合之众、散乱之兵,人数不满一万,想要以此直攻强秦,那无异于羊入虎口。我认为,陈留(在今河南开封市境内)这地方是天下通衢要道,四通八达,陈留县城内又囤积了很多米粮。我跟陈留县令素有交情,请任命我为使节,劝他向你投降。如果他不听从,阁下再发兵攻城,我可为内应。"

刘邦于是派郦食其去游说陈留县令,县令向沛公投诚,刘邦得到陈留,大乐,封郦食其为广野君。

郦食其堪称"逐鹿第一说客",他这回不但帮楚军解决了粮食问题,更为刘邦西进定下战略基调——怀柔而不力取。

当时秦军的主力都随章邯、王离东征,正在钜鹿包围赵王,从关中到河北之间的郡县守军大多缺乏战斗意志,因此刘邦的怀柔战略大大发挥作用。

这个时候,又一位重要人物来跟刘邦会合——张良。

张良的祖先在战国时世代担任韩国的丞相,可是张良没机会当丞相,因为秦国灭了韩国。张良散尽家财,收买刺客,在博浪沙行刺秦始皇,结果误中副车,秦始皇没事,张良反被通缉。亡命途中遇到奇人黄石公,传授他太公兵法。张良与刘邦一同投奔项梁,他对沛县义军将领(周勃、曹参、樊哙等)说太公兵法,那些将领都听不懂,可是刘邦每次都一听就懂,张良惊叹:"沛公难道是天命所托吗?"

赞

刘邦没读过什么书,哪可能兵法一听就懂?但他能赢得郦食其和张良两大谋臣归心,也可看出他的

"天授"。

首先，面对郦食其的顶撞，刘邦没有闻过则怒——换作项羽的话，郦食其恐怕已经人头落地了。而当郦食其证明他那一套确实好用之后，刘邦就此高悬"怀柔"为最高战略，这是刘邦能够始终保持战力，一路挺进关中的原因。

同时，郦食其也因此对刘邦死心塌地，士为知己者死，这是中国读书人的"罩门"。至于张良，往后刘邦对他更是几乎言听计从，因为刘邦识货，发现张良的意见高过其他人，这种"识货"的能力才是"天授"。

张良一心想着帮韩国复国，之前他说服项梁，立故韩王室的公子成为韩王，回韩地打游击，作为楚国的外援。项梁同意，于是张良辅佐韩王回到故土，攻下了好几个县。此时刘邦大军到达，张良追随刘邦西征，韩王则留守阳翟（故韩国首都）。

西征军在南阳（今河南南阳市）遇到抵抗，南阳郡守齮（yǐ，人名）死守宛城（南阳郡治），刘邦想要绕过，张良看出他急于入关，提出建议："阁下急着要进武关，可是秦军数量仍多，且扼据险要，如果不攻下宛城，万一宛城部队袭击你的背后，秦军前后夹击，你将立即陷入险境。"于是依张良之计，大军佯作绕路，趁夜急行军转回宛城，天亮时宛城已经被包围三匝！

齮原本以为状况解除了，孰料一觉醒来情势丕变，斗志全失，张皇失措，举剑想要自杀。幕僚陈恢劝住欲轻生的老板，自己跳城晋见沛公，建议公开招降纳叛，封给郡守一个官爵，带走他的兵力，但赋予他守城责任。刘邦本来就不想攻城（郦食其的战略），于是封齮为殷侯，封陈恢为千户（秦制爵位名称），大军继续西行，一路上所有城池都闻风归降。

楚军顺利通过武关，那是关中南边的门户，军情吃紧催化了咸阳城中的宫廷政变，先是赵高发动兵变杀了秦二世，之后派人跟刘邦谈判"分王关中"，刘邦拒绝；不得已，赵高立子婴为秦王（已不敢称帝），子婴又设局杀了赵高，然后派兵增援最后一处险要峣关。

刘邦想要强力攻下峣关，张良提出他的计谋："我听说峣关守将是屠夫之子（古时候并无屠宰专业，屠夫就是肉铺老板），这种市侩之徒可动之以利。请沛公您留在营垒之中，派一支部队载运五万人的粮秣，在附近山上多张旗号以作疑兵。再令郦食其带着贵重的财富去贿赂秦将，劝他归顺。"

张良对秦将的性格分析果然正确，秦将接受了礼物，表示愿意和沛公联军攻向咸阳。刘邦正高兴，想要答应这个提议，张良却说了："这只是守关将领一个人动念背叛秦帝国，恐怕士卒并不情愿（因为秦国法律严酷，背叛者的家人会受到惩罚）。如果士卒不听从守将的命令，那就很危险了！不如趁他心防松懈时发动突袭。"于是刘邦发动攻城，大败秦军，攻下峣关，再一路追击，又连胜两仗。就这样大军直薄咸阳城郭。

刘邦派出使节与秦国约降，秦政府此时已完全没有抵抗的意志，于是子婴坐着白马拉的丧车出城，脖子上套着绳索（以示随时准备自杀），带着皇帝的所有印信：玺（发布敕令）、符（调兵遣将）、节（外交使节），在咸阳城外的轵道亭路边，秦国君臣下车，向胜利军投降。多位楚军将领主张立即诛杀子婴。沛公说："当初大王（楚怀王）指派我西征，就是因为我能够宽容。更何况他已经投降，杀降者一定不祥。"将子婴交付军法官监管，秦帝国就此灭亡。

刘邦进入咸阳秦宫，看见珍禽异兽、贵重的宝物与成群美女，真是心花怒放。记得他初见秦始皇仪仗时说过"大丈夫当如是也"，现在他真的可以好好过一下"大丈夫"的瘾了，当然很想在咸阳宫中长住下来。樊哙进谏，说："这些玩意儿，都是造成秦帝国灭亡的原因，你要它做啥？请赶快回到灞上军营，不要留在宫中。"刘邦不听。

张良再进谏，说："秦帝国施政不仁，沛公您才得以进入咸阳宫。如今才刚进入咸阳，就想要跟秦二世一样享乐，这正是所谓'助桀为虐'（帮助延长暴政）。樊哙所说，是忠言逆耳、良药苦口，沛公还是应该采纳忠言才是。"刘邦于是将秦宫的财物、宝库都加封，自己回到灞上军中。

觇

终于进了咸阳,"大丈夫"可以"当如是"了,刘邦为什么不杀子婴,又退出咸阳皇宫?

从轵道受降那一刻起,刘邦的心态已经不再是"沛公",而是"关中王"。

不杀子婴是向关中人民展现宽大作风,因为秦国从商鞅变法以来一直是严刑峻法,关中人民对一位宽大的征服者会立即产生好感,这一点跟后面"约法三章"是同一逻辑。

退出秦宫还军灞上也证明了,刘邦能够完全抛弃亭长时代的"大丈夫"梦想。事实上,刘邦往后一再展现"与时俱进"特质,随着他的事业版图扩大而不断自我进步。

离开咸阳城之前,沛公集合咸阳父老,对他们宣布:"父老忍受秦国的苛法太久了!我跟诸侯相约,先入关者为王,所以,我理当称王。本王与各位父老约定三条法律:杀人者死;伤人及窃盗接受与犯行相抵之刑罚;其他秦国的苛法一律废除。我们义军来关中,是为父老除害,不是要抢夺你们的财富,不必担心害怕。"约法三章之后,再派人协同秦国官吏到关中地区所有县、乡、邑布告周知。关中人民简直高兴死了,纷纷带着牛、羊、酒食去灞上劳军,沛公却一律不收,说:"公家粮仓里食物充足,不须老百姓破费。"关中人民这下更喜欢沛公了,生怕刘邦不当秦(关中)王。

虽然率先进了关中,人心也希望他当关中王,可是刘邦不敢,因为项羽要来了。

项羽受楚怀王之命,率军去解钜鹿之围,那一战树立了他的霸王威名,秦将王离阵亡,诸侯晋见项羽时都膝行而前,连抬头都不敢。秦军主帅章邯原本还跟项羽对峙,等到听说赵高要追究他兵败责任,就向项羽投降了。于是项羽带领诸侯大军西进咸阳。可是楚军屠杀钜鹿投降的秦军战俘,被楚军攻打下来的城池也总是遭到劫掠甚至屠杀,因此一路上所有郡县都拼死抵抗,迟滞了项羽西进的脚步。刘邦率先入关的消息传来,项羽更急,愈急就愈猛烈攻击,遭到的抵抗也愈强烈,但是毕竟项羽太强了,大军很快地到达函谷关。

函谷关是一处天险,战国时期诸侯合纵抗秦,联军多次兵临函谷关下,可是都攻不进关中,因此有所谓"以一泥丸塞住函谷关,即可保关中"的说法。偏偏还真的有人跟刘邦提了这个建议,刘邦也真的派出军队防守函谷关。项羽当然大怒,展开攻击,不破的函谷关破了,项羽大军入关,驻军鸿门。

项羽的首席谋士范增对项羽说:"我们以前认识的刘邦,贪财好色。如今他入关之后,却一改作风,财物都不取,美女也不沾,显示他怀有强大野心,应该加速攻击,不能延误,更不可留情。"

项羽决定发兵攻打刘邦,他有一位叔父人称项伯,在楚军担任左尹(左军指挥官),曾经受过张良的恩情,心忧张良安危,趁夜骑马驰往沛公军营,私下见到张良,告知情况紧急,要张良和他一同投奔项羽,"不必陪他(刘邦)送死"。张良不答应,向刘邦报告,两人研判形势,确认打不过项羽,只能拜托项伯帮忙讲情。于是刘邦跟项伯约为儿女亲家,项伯答应了,嘱咐刘邦:"明天一定要早早来向项王致意。"

项伯在夜色中赶回鸿门军营,将情况向项羽报告,说:"如果不是沛公先攻破关中,你又怎么能一路如此顺利呢?如今人家立了大功,却反而攻击他,那是不义的,倒不如以礼待之。"项羽同意。

隔天一大早,刘邦带着一百多骑随从来到鸿门见项羽,放低姿态说:"在下与将军合力攻秦,将军由黄河北面路线进攻,在下攻打黄河南面。没想到在下先打进了关中,而与将军在此相见,如今却有小人中伤,以致将军对在下有所误解。"

项羽说:"那都是沛公的左司马曹无伤来搬弄是非,不然我怎么会这样?"——项羽泄露了告密者的身份,这是当老板的大忌,以后不会再有人向他提供"机密消息"了。

项羽摆宴邀刘邦喝酒,项羽和项伯向东而坐,范增向南而坐,刘邦向北而坐,张良西向陪侍。范增多次以目向项羽示意,甚至三次举起身上佩的玉玦暗示项羽速做决断(玦是环状玉器切开一条缝,象征决断),下令除去刘邦,可是项羽虽然看见了范增的暗示,却默然不应。

范增决定自己安排,起身出外,找到项羽的堂弟项庄,说:"你家老大心肠太软,下不了手。你进去敬酒,敬完酒,就舞剑助兴,找机会在席间击杀沛公。"

项庄进入宴会帐敬酒,敬完酒,说:"大王与沛公饮酒,军中没有什么娱乐,请允许我舞剑助兴。"然后拔剑起舞。项伯一看苗头不对,也拔剑起舞,以自己的身体遮蔽沛公,使得项庄找不到下手空间。

张良看苗头不对,虽然项庄舞剑有项伯挺身而出,可是后面肯定还会出其他花样。他走出帐外,找到樊哙。

樊哙问他:"里面情况如何?"

张良说:"情况紧急。项庄拔剑起舞,每一招都指向沛公。"

樊哙脾气火暴,闻言立即行动,一手持盾、一手仗剑往里闯。门口持着长戟交叉的卫士不许他入内,樊哙用盾牌将卫士撞倒在地上,闯进帐内,分开帷幄向西而立,怒目瞪着项羽,头发都竖了起来,眼角因睁裂而流血。

项羽被他吓了一跳,按剑跪起,问:"来客是什么人?"

张良回答:"是沛公的侍卫长樊哙。"

项羽:"好一位壮士,赐他喝一杯酒。"左右送上可容一斗的大杯酒。

樊哙拜谢,起身一饮而尽。

项羽:"赐他一个猪肩。"左右送上一副生的猪肩。

樊哙将盾牌覆盖在地上,再将生猪肩放在盾牌上,拔剑切肉,大口吃下。

项羽:"壮士,还能再喝吗?"

樊哙说:"在下连死都不怕,岂会推辞一斗酒!当初秦王暴虐,天下人起义抗秦,楚怀王与诸将约定'先破秦攻入关中者,就在那里称王'。如今沛公先攻进咸阳,秋毫不敢动,封闭宫室,回到灞上,以待大王到来。派人防守函谷关,只是为了防备盗贼、维护治安而已,如此劳苦功高,未有封侯之赏。大王反而听信小人谗言,要杀有功之人。这根本就是已经灭亡的秦国的延续,我真是为大王感到惭愧啊!"

项羽被他这一番义正词严逼住了,一时无以回应,只说:"请坐。"

樊哙坐在张良旁边,大家继续喝酒。

过了一会儿,刘邦起身上厕所,将樊哙等叫出去。

刘邦问樊哙:"我想要借此溜走,可是没向主人辞别,会不会不好意思?"

樊哙说:"做大事不必太考虑小节,行大礼不会介意小责难。此刻的形势是人为刀俎,我为鱼肉,哪还有工夫告辞?"

鸿门距离灞上四十里,刘邦对张良说:"估计我回到军中,你再进去报告。"交代完,刘邦留下所有随从车骑,自己一个人骑马遁逃,樊哙、夏侯婴、靳强、纪信四人手持剑盾疾走断后。

张良在帐外混了一阵子，才进去向项羽道歉，说："沛公不胜酒力，没办法亲自告辞，嘱咐张良奉上白璧一对，敬献大王足下；玉斗一对，敬赐大将军（范增）足下。"

项羽："沛公人在哪里？"

张良："听说大王有责问过失之意，所以先走了，此刻应该已经回到灞上军营。"

项羽收下玉璧，放在座上。

范增收下玉斗，放在地上，拔剑一击，玉斗粉碎。他又气又恼地说："唉，竖子不足与谋，将来夺取项王天下的，一定是沛公。以后我们都将成为他的俘虏！"

杀不成刘邦，项羽将火气发泄在秦宫。

鸿门宴之后几天，项羽带兵杀进咸阳，杀了投降的秦王子婴；烧掉秦国宫殿（包括阿房宫），大火延烧三个月不熄；将秦宫中的财宝与美女劫掠一空，准备带回江东老家去。

离开咸阳之前，项羽大封诸侯。他恼怒刘邦抢先入关，硬是将刘邦封为汉王，强辩说"汉中一向都是关中的一部分"；将关中之地封给三位秦军降将（合称三秦王）；自称西楚霸王，定都自己的故乡彭城，然后引兵东归，诸侯各自前往封国。

对于项羽的分封，刘邦当然不服气，也一度想发动军队攻打项羽，但是终究被萧何劝阻了。于是沛公现在成了汉王，进入一个新的阶段。

赞

进到咸阳之后,刘邦"升等"了,他的团队也产生了质变:第一是萧何进入秦国丞相府,抄录(并带走)全国户口、土地图籍,显示他有着深谋远虑;第二是樊哙劝谏刘邦退出秦宫,还军灞上,而樊哙原本只是个屠户,再看他在鸿门宴上的慷慨陈词,论述能力十足。

也就是说,刘邦得到天下级人才郦食其和张良而率先入关,本人因此提升到"关中王"的层级,同时他的沛县老干部们也都提升了水平。刘邦不但超越了"沛公刘邦",甚至超越了项羽。

这一点,范增看见了,但是项羽却并未意识到刘邦的"成长"。换个说法,项羽并未意识到他自己应该是"天子级",还停留在"彼(秦始皇)可取而代之"的心态,但是刘邦早就超越了"大丈夫当如是"的层次。而刘邦逃过鸿门宴杀劫,并非"王者不死",其实是因为项羽没把刘邦当对手,项庄舞剑才没杀死沛公。

【原典精华】

良数以《太公兵法》说沛公,沛公善之,常用其策。良为他人言,皆不省。良曰:"沛公殆天授。"

——《史记·留侯世家》

(三) 大胆用人

明修栈道，暗度陈仓

刘邦忍气吞声前往汉中，项羽只分给汉王刘邦三万士卒，可是楚军乃至各诸侯军有很多人仰慕汉王，愿意追随他的有数万人。

张良没有跟刘邦去汉中，他仍然回去辅佐韩王，在告别汉王时，张良给刘邦一个建议：烧毁栈道，一来防范其他诸侯（暗指三秦王）觊觎汉中，一来向项羽表示无意东进。

这个建议是高明的战略思考，但却出现一个副作用：逃兵。

原来，汉中盆地夹在秦岭和大巴山之间，进出关中全靠依山壁而建的栈道，到唐朝都还是一条艰险的路（李白诗句"蜀道之难，难于上青天"）。刘邦一路走一路烧毁走过的栈道，士卒担心从此回不去了，于是开始有人逃亡。渐渐发展至每天都有很多人逃亡。有一天，军士报告汉王："丞相萧何逃亡。"刘邦既生气又沮丧。——萧何已经成为刘邦不可或缺的第二把手，连他都跑了，你叫刘邦怎能不沮丧？

可是过了两天，萧何又回来了。刘邦既怒又喜，骂说："你为什么逃亡？"

萧何说："我哪敢逃亡，我是去追回逃亡者。"

刘邦问："你去追谁？"

萧何："去追韩信。"

韩信在汉军中的位阶不高，只是个后勤军官治粟都尉。汉王不信萧何，骂说："你骗谁啊！诸将跑了好几十人，你一个都不追，却去追韩信？一定有诈，快说实话。"

萧何："那些跑掉的都是一般人才，不难得到，韩信却是举世无双的高级人才。大王如果只想在汉中长治久安，那韩信对你没有用；但大王若要东向争胜天下，则非韩信不可。就看大王志向有多大了。"

刘邦："我当然想要争胜天下，怎么可以被困在这里？"

萧何："大王想要向东，如果重用韩信，他会留下来；若不能重用，韩信终究还是要走。"

刘邦："你如此大力推荐，那我用他当将军。"

萧何："即使当将军，还是留不住韩信。"

刘邦："那就任命他当大将军。"

萧何说："那就太好了。"

于是刘邦下令召见韩信，要任命他为大将军。

韩信最初投入项梁麾下，项梁死后跟着项羽，但不受项羽重用，因此在诸侯各自就国时，跳槽到汉王阵营。初期也未受重用，还差点受人牵累被处死，幸亏夏侯婴救了他一命，汉营中只有萧何对韩信另眼看待，经常与他长谈。可是韩信眼看自己在汉营没发展，也逃跑了。萧何听说后，来不及报告，疾出追赶，经过一番劝说，韩信跟他回汉营，更想不到刘邦会拜他为大将。

汉王命令建一座拜将台，预告隔天要拜大将，沛县老革命如周勃、樊哙等，个个觉得自己有希望。第二天揭晓，大将却是韩信，全军为之讶异、惊叹。

汉王向新任大将请教："将军有什么高明计策可以指教寡人？"

韩信问："大王东向争天下的对手，莫非是项王？"

刘邦："是啊。"

韩信："大王自认作战勇猛强悍能够胜过项王吗？"

刘邦默然良久，说："不如。"

韩信听到刘邦能够坦言不如对手，起身向汉王拜了两拜表达敬贺——承认对手比自己强是一种了不起的特质，也只有先承认不如对手，才可能以弱击强。

韩信确认刘邦没有盲目自信，才敢直言不讳，说："我也认为大王不如项王，请容我分析项羽的性格。他发起威来声势惊人，足以令千万人屈服，可是他缺乏任用优秀将领的能力，只是匹夫之勇。他待人恭敬慈爱，言语亲切，对待伤员更流着眼泪分给饮食，可是手下有功劳应该封爵的时候，他却拿着刻好的印章，在手中摩挲再三，直到印章边角都磨圆了，还不舍得送出去，这种慈爱只是妇人之仁。更由于项王每次攻下城邑，都无情地予以毁灭，老百姓都怨恨他，天下诸侯表面顺服，只是畏于他的兵力强大而已。"

韩信分析项羽的性格缺陷后，提出了楚汉争霸的第一妙计：明修栈道，暗度陈仓。由汉王公开宣布：派周勃、樊哙负责修复已经烧毁的栈道。

三秦王得到消息，由于周勃、樊哙是汉军有名的大将，研判刘邦将从入蜀原路反攻关中。但是修复栈道？那可不是十天半个月的工程，恐怕得耗费好几年工夫。所以他们虽然在入蜀要冲布置重兵，心里却认为"眼前不急"。

三秦王完全不晓得有韩信这号人物，更没想到他会带领汉军主力走一条更古老的道路（陈仓道），那是在入蜀栈道未修建之前的古道，绕山依谷而行。汉军出其不意，三秦王仓促应变，章邯在陈仓（今陕西宝鸡市东）被击溃，率领残部打游击，司马欣与董翳投降汉军。关中父老箪食壶浆迎接汉王（"约法三章"发酵生效了），刘邦只花了两个月就扫平关中。

这段时间里，东方也发生了巨大变化。

最先反项羽的是齐国。之前齐王田儋起义抗秦，被秦将章邯击败，战死，其堂弟田荣拥立他的儿子田市为齐王，继续抗秦。项羽大封诸侯时，将田市改封胶东王，另封随他入关的齐将田都为齐王，外加项羽的部将田安为济北王，齐地一时有三个王。田荣大怒，发兵攻打田都，田都败逃西楚，可是田市害怕项羽，偷偷溜到即墨就任胶东王。田荣火大，杀了田市，自立为齐王。

简单说，项羽非但违背时势潮流，将天下倒退回战国时代，而且分封诸侯更不得人心。齐国第一个反项，之后是赵国、燕国，项羽之后又杀了韩王成。

韩王成当初受刘邦之命，镇守韩国都城阳翟，所以未随项羽入关。项羽东归时，将韩王成带回彭城，贬为穰侯，不久又将他处死。一心想恢复韩国的张良，跟着韩王成到了彭城，此时只能满怀悲愤，潜待机会。

等到汉王刘邦夺取关中，项羽派他的部将郑昌为韩王，担任抵挡刘邦的第一道防线。此时张良上书项羽，说刘邦志在得回关中而已，应该不会向东进军，因此项羽暂缓对刘邦的反应，优先攻击齐国。张良则被项羽派去辅佐郑昌，他趁机改装，走小道投奔汉王。

诸侯兴兵，战国再现，天下再度陷入战乱，人心都怨恨项羽。这个时候，项羽又犯下一个天大的政治错误。

项羽自立为西楚霸王，定都彭城（今江苏徐州市），将原本在彭城的楚怀王迁徙到郴县（今湖南郴州市），尊称他为义帝，实质上是放逐。同时，项羽密令九江王英布暗杀义帝，这件事却给了刘邦一个"天上掉下来的礼物"。

刘邦听张良的建议，任命另一位韩信（故韩国的公子）为韩国太尉，攻打郑昌，郑昌投降，于是封韩信为韩王（史书称他为"韩王信"，以别于名将韩信）。然后刘邦自率汉军东进，项羽封的西魏王投降、殷王被俘，汉军进抵洛阳。

在洛阳，一位"三老"（负责教化民众）董公，拦住刘邦的马头进言："师出无名，其事不成。项羽弑杀义帝，是天下巨贼，大王应该率领三军为义帝服丧，并传檄诸侯，号召一同讨伐逆贼，如此则四海之内都会拥戴你。"

刘邦闻言，如获至宝，说："若非老人家教诲，我哪里能了解这个？"当即下令为义帝发丧，全军哀悼三天，同时传檄各诸侯国一同讨伐项羽。诸侯纷纷响应，刘邦于是成为联军盟主，总兵力达到五六十万。

项羽讨伐齐国，迅速击斩齐王田荣，可是田荣之弟田横又立田荣的儿子田广为齐王，继续抵抗。项羽接到汉王率领诸侯联军进攻彭城的战报时，齐国仍然叛而不服，所以他留在齐地战场，希望彭城守军能撑到他平定齐地，然而联军势如破竹，刘邦攻进了彭城。

这一次，刘邦的心情跟当初进关中完全不同。他没想到胜利来得如此顺利，事实上他并不曾跟项羽交手过。这下刘邦认为大势已定，于是接收项羽的库藏宝货与宫廷美女，每天跟诸侯置酒高会。

项羽接获战报，即刻将齐地军事交给其他大将，自己只率领三万精兵反攻彭城（完全不把刘邦放在眼里），急行军一天到达萧县（今安徽萧县），拂晓展开攻击，中午就推进到了彭城。楚军锐不可当，其他诸侯听到项王亲自到来，纷纷拔营回国，汉军完全不是对手，溃败不能成列。楚军追杀，汉军被驱入谷水、泗水，汉军被杀加上溺死超过十万人。残余败兵往南狂奔，在睢水北岸的灵璧（今安徽灵璧县，一处悬崖地形）被追上，楚军骑兵纵横冲杀，又杀死或溺死十余万人，睢水为之不流。

汉王刘邦被项羽包围三匝，眼看不保。霎时间，西北方掀起狂风，大树连根拔起，飞沙走石，房屋像玩具一样被吹走，虽是中午时分，却昏黑如夜，刘邦身边只剩数十名骑兵，乘乱向西逃走。中途遇到儿子刘盈和女儿刘乐（名字考据不一），拉他们上车，可是每当后面追兵接近，刘邦就将儿女推下马车（以减轻重量），而驾车的夏侯婴每次都下车将两个小孩抱回车上。马车因此速度减慢，刘邦为之咆哮怒骂，甚至要拔剑杀夏侯婴，但是夏侯婴不避危险，终于保护刘邦和两个小儿女脱险。

刘邦逃到下邑（今安徽砀山县），收拾残兵只剩千余人，束手无策，张良建议联合九江王英布，于是刘邦派幕僚随何去游说英布，说："只要英布能牵制项王几个月，我就有把握取得天下。"

觇

此时的刘邦，处境如丧家之犬，可是他脑袋里想的却是"取天下"！

也就是说，刘邦在逃命途中脑袋没有闲着，一面逃，一面已经想好要如何对付项羽——检讨失误与改变策略都在马车急奔中完成！

遇到挫折后仍能做进取思考，一败涂地仍能迅速恢复元气，刘邦这项特质往后还能一再看到。

英布果然在项羽后方进行牵制，刘邦因此得以喘息，在荥阳（今河南荥阳市）立定脚跟。他同时确定了一点：正面硬碰硬，自己永远不是项羽的对手，所以首要之务是帮项羽树立更多敌人。除了英布，刘邦还联络在故魏国地界（今河北山东交界）打游击的彭越。同时决定，既然不跟项羽硬拼，就必须比项羽撑得更久，因此需要充足的战士与粮秣。幸运的是他有最佳后勤司令萧何。在此之前，由汉中攻关中，萧何负责在巴蜀征粮；由关中攻彭城，萧何负责供输粮秣；现在要在荥阳、成皋间打拉锯战，萧何仍然负责从关中运补兵源与粮秣。

除了萧何，刘邦的团队可说是一时之选：张良能运筹帷幄之中，韩信能决胜千里之外，郦食其有着三寸不烂之舌，还有一位陈平智计无穷。

陈平在陈胜起义时投入当时的魏王（魏咎）旗下，后来跟着项羽入关。诸侯反项，陈平领兵击败并劝降西魏王魏豹，项羽升他官还发奖金，可是后来魏豹投降刘邦，项羽光火。陈平怕被杀，将项羽给的官印、赏的黄金封起来，派人送还项王，自己只身逃亡，来到汉王刘邦的军营，老朋友魏无知正在汉王麾下，为他引见汉王。刘邦跟陈平一席谈话后，惊为天人，立即任命陈平为都尉，并且指定他为随身幕僚，出门同车（参乘），还担任典护军（军中监察官）。

陈平担任典护军，毫不避讳地收受诸将馈赠，周勃、樊哙等沛县老革命向刘邦告状，刘邦以之责问陈平，陈平说："我听闻汉王唯才是用，所以前来投效。我来时一无所有，不收受馈赠则无以生活。如果我的献策有值得采纳的，就请大王任用我；如果我的建议毫无价值，诸将送的黄金都还在，我甘愿将之全数封起来捐给公家，请不要杀我，让我回家。"刘邦听了，立刻向陈平谢罪，再升他的官为护军中尉（比都尉高一级），负责监察所有将领（封住所有嘴巴）。

陈平为刘邦立下的第一大功是：以反间计除去范增。

项羽派使者去汉营打探虚实，听说楚军有使者来，汉王以太牢（古时候的最高饮食规格）供餐，然后佯装惊奇地发现："咦，还以为是亚父的使者，原来是项王的使者！"当场吩咐撤下太牢，改以次一等食物（及餐具）给使者进用。如此戏剧性的一幕，使者回去对项羽添油加醋地描述，项羽因此开始疏远范增，最终范增负气辞职回家，死在路上——项羽没了唯一的智囊。

另一方面，刘邦派韩信东征魏国。之前魏王魏豹背叛项羽，后来又叛刘邦，刘邦派郦食其去游说他，魏豹口出恶言，刘邦乃决定永久解决魏豹。韩信用了声东击西之计，主力迂回魏军后侧，生擒魏豹，派人向刘邦要求增兵三万，乘胜继续东征赵国，刘邦允许。韩信用兵如神，又攻下赵国，并劝降燕国，让汉军得以放心左翼，专心对付正面的楚军。

但是刘邦在荥阳却不顺利，主要因为运粮通道不断被攻击、破坏。刘邦一度听信郦食其的建议，分封从前六国的后人为王，让他们成为楚国的敌人，跟汉军结成统一战线，甚至已经派人镌刻印信。这时张良从外地返回荥阳，刘邦将这个新战略告诉他，张良闻言惊骇，说："谁出的馊主意？"随后拿起桌上的筷子分析天下大势（借箸代筹）。他的分析简单说就是，一旦分封六国后人，各国来的英雄都将离开汉营，回去故土效忠他们的王，而那些王都会重新审时度势，摇摆于楚汉之间，而不会效忠汉王。

刘邦听了，吐出口中的饭，骂道："竖子！几乎坏了老子的大事。"

如果当时印信送了出去，刘邦就犯了之前项羽犯过的错误（回到战国）。可是虽然没有犯错，但当时荥阳城被楚军包围，缺乏外援，已经支持不住。陈平出了奇计，从荥阳东门放出女子两千多人，引楚军擂鼓追击。然后由将军纪信坐着汉王的辇车(黄绫盖,车旁插御旗),缓缓驶出东门,派人高喊:"粮秣已尽,汉王投降!"

楚军高呼万岁,纷纷离开阵地往东门看去。这时,刘邦率数十骑兵,从西门溜走,逃到宛城,坚守不出战。一向在黄河南岸打游击的彭越在下邳大破楚军,项羽亲自带兵攻打彭越,刘邦趁机出击,收复成皋。

项羽击败彭越后,回师再攻陷荥阳。刘邦不让自己再度陷入上次的困境,主动放弃成皋,由夏侯婴驾车,不声不响前往河北,到达韩信的驻地,在一天凌晨突然闯入军营,直入寝室,夺取韩信兵符,接收军队。刘邦命韩信带领赵军向东攻击齐国,自己带领原本交给韩信的汉军,夺取敖仓,跟项羽进行持久战。

刘邦又派郦食其去游说齐王田广,田广接受郦食其的游说,派出使节向刘邦表示愿意归附,自己跟郦食其每天欢宴纵酒。可是田广却不晓得大祸将要临头——韩信并没有接到停止进兵的指令,大军到达历下(今山东省历城区),随即发动突击大破齐军,进逼临淄(齐国都城)。田广悲愤又恐惧,烹杀郦食其,并且向楚国求援。项羽派大将龙且率二十万大军前往救援。龙且与田广的楚齐联军仍被韩信击溃,韩信生擒田广。

韩信得到齐国后,派使节晋见汉王,要求当"假齐王"。刘邦的第一反应是大骂韩信,可是张良和陈平踢他的脚跟暗示,刘邦当即会意,改口:"大丈夫要当就当真王,做什么假王!"派张良去封韩信为齐王。

赞

汉王刘邦在这个阶段又得到两位超级人才:韩信与陈平。

我们总是用刘邦拜韩信为大将这一段,印证"重用人才应该不次拔擢"。可是很少人体会到,拜韩信为大将需要多大的魄力。那么多沛县老革命将领陪着刘邦起义,立下汗马功劳,现在让一个项家军来的叛将、逃兵当大将,凌驾于他们之上——刘邦必须有本事让那些老同志闭嘴。多难哪!

陈平又是一个例子,他也是项家军叛将,却一来就做监察官,还公然收受贿赂,可是刘邦就是支持他。后来陈平不止一次贡献保命妙招,刘邦确实"值回票价"。

彭城大败之后,推儿女下车那一幕,着实令人印象深刻,后人都以此评论刘邦现实寡情。事实上,刘邦还有很多次不受世俗道德观拘束的行为。或许那也是流氓性格吧。

为义帝发丧则展现了刘邦的政治智慧:这个动作一做,项羽登时失去"亡秦必楚"的正统地位,刘邦乃能成为诸侯反项的领袖。而且，这一次他听取意见的对象不是张良、韩信、陈平，而是一个"三老"，也就是说，刘邦的亲民形象不是作秀而已，他还真的听进了对方的意见，并且能立即辨识"这是一个好主意"，随即采纳。

至此，刘邦已经脱离最艰苦的阶段，形势转为对汉军有利，且看他如何击败项羽。

(四) 脸皮够厚

必欲烹尔翁,分我一杯羹

与其说刘邦击败项羽,更精确的说法应该是"项羽把自己打败了"。

项羽绝对称得上战神,在群雄逐鹿的擂台上,他几乎没有打过败仗。问题在于,每次他在这边赢了一场胜仗,就会在另一边损失更多版图,也就是一连串的军事胜利之后,版图却愈缩小。

龙且战死,韩信据有全部齐地,项羽的信心才开始动摇——项羽也曾经痛击齐国军队,可是齐国人很顽强,他从不曾让齐国降服,这个韩信到底有多厉害?不但成了齐王,而且看起来齐地全在他掌握中。项羽面对的形势是,正面要对付刘邦,后面彭越的游击战又让他的运输粮道不胜其扰,现在韩信更形成对彭城的侧翼威胁,使他陷入非常不利的局面。

第一次,项羽派出说客,希望跟韩信结盟。在此之前,诸侯只有向他臣服或被他摧毁两个选择。

项羽的说客武涉见到韩信,力陈刘邦这个人不可信任,提出项羽给的价码:脱离汉集团,跟楚和解,三分天下,各自作主。却遭韩信当场回绝:"汉王'解衣衣我,推食食我',我怎么可以背叛他?"武涉不得要领而去。

齐地一位辩士蒯彻对韩信说:"我会看相,'相君之面,不过封侯。相君之背,贵不可言'。"为什么"不可言"?因为说出来要杀头。面相贵当封侯,"背相"比封侯更贵且不能说出来,蒯彻几乎是明白鼓励他背叛刘邦,可是韩信叫他闭嘴。

赞

刘邦几乎可以说是完全笼络了韩信,两次夺取韩信兵权,得天下后一次调换他的封国,一次降他的封爵,韩信都甘愿接受。而刘邦给了韩信什么?不过就是"解衣衣我,推食食我"(吃一样的,穿一样的)罢了。但那就是"江湖义气",刘邦的江湖气让之前一直不得志的韩信终生感戴,就如《水浒传》里那一句"这颗头颅只卖给识货的"。这一套对张良、郦食其有效,对韩信更有效。

荥阳战场的情况转变却对项羽非常严酷:刘邦有敖仓的粮食,但坚不出战,慢慢消磨项羽的粮秣。项羽吃不消了,使出一记绝招:制作一个超大砧板(俎),把刘邦的老爹刘太公放到俎上,派人通知刘邦:"如果不赶快投降,我就烹杀你爹。"

刘邦对项羽的使者说:"我跟项羽同时接受楚怀王的命令,怀王要我们两人结为兄弟。既然是兄弟,我爹就是他爹,如果一定要烹食他爹,别忘了分我一杯羹。"

项羽对刘邦这种死皮赖脸至为愤怒,下令行刑,却又被项伯劝阻。

项羽再派使者去汉营,对刘邦说:"天下战乱纷扰已经好几年,壮丁忙着打仗,老弱苦于运输,只为了我们两个人而已。这样吧,我跟你来一次单挑,决一雌雄,别再拖累全天下的父老兄弟了。"

刘邦一听,心想"项羽输了",笑着回绝:"我宁可斗智,不愿斗力。"但终于还是跟项羽隔着广武涧对话,却被项羽用箭射伤,强撑着身子骑马巡视军营,安定众心。经此变故,刘邦更坚定不出战,楚军继续承受粮运不济之苦,而项羽则承受求战不能之苦。

然后刘邦出招了。

他先派陆贾去跟项羽商量,用粮食换取刘太公,项羽没答应。刘邦再派侯公去游说,项羽这次答应与汉军签订和约,双方以鸿沟为界,以西归汉,以东归楚,两国互不侵犯。项王送回汉王的父母妻子,当他们进入汉军营垒,汉军营中响起一片高呼万岁之声。这一声"万岁"不是为刘太公而呼,也不是为刘邦而呼,甚至不是为楚军认输而呼,而是为和平而呼。事实上,鸿沟以西包括了广武、敖仓、荥阳、成皋等地,之前汉王提出"两国以荥阳为界,以西归汉,以东归楚",项王不答应,如今反而更后退了——项羽退让,这是以前从未发生过的事情。

楚军收兵东归,依约汉兵也该向西撤军,可是张良、陈平却对刘邦说:"汉军已经拥有天下的大半,而诸侯也归附于汉。楚军则兵疲粮尽,这是老天要灭亡楚国的时候,不如把握机会,追击楚军。如果这一次放过机会不攻击他,就是所谓'养虎遗患'啊!"

刘邦当即领悟,下令越过鸿沟,追击撤退回家的楚军。俗语"难以跨越的鸿沟",就是出自这个典故,但真实的故事却告诉我们:只要脸皮够厚、心够黑,天下其实没有跨不过的鸿沟。

形移势转,之前不敢出战的汉兵现在勇敢追击,可是项羽仍然无敌,在固陵(今河南淮阳区)展开反击,汉军大败,只好再次固守阵地,不敢应战。汉王刘邦征召韩信、彭越,两人迟迟不来,刘邦问张良怎么办,张良建议答应事成后封彭越为魏王,同时答应将陈丘以东都划给齐王韩信,刘邦依言而行。两人于是都带兵前来。

项羽虽然在固陵胜了一役,可是距离家乡愈近,楚军逃亡回家的人数愈多,因此无法恋战,只能一路且战且退。

到了垓下(今安徽灵璧县东南,是一处高冈绝崖地形),西楚军队已经逃散大部分,粮秣也不继,几次发动反扑,都被韩信击退。以前百战百胜的项羽,此时困守营垒,外面是层层包围的汉军。

韩信使出一计绝招:命军中的楚人在包围圈四面唱起楚歌。

项羽大惊,说:"难道汉军已经攻下楚地(江东)了吗?为什么有那么多楚人?"

其实,刘邦、韩信、英布都是楚人,他们的军队中更多得是楚人。而"四面楚歌"的真正厉害之处,就是唱垮了项羽部众的战斗意志——家乡已近在咫尺,算了,甭打了,回家吧!

最后,项羽"霸王别姬",率骑兵八百人向南突围,汉军五千骑兵追击。项羽的八百骑因为误陷沼泽而失散,最后只剩二十八骑。

此时项羽决定不再逃命,停下来跟追兵相杀,连胜三阵,斩杀数十上百人,证明自己英勇无敌之后,逃到乌江畔。乌江亭长已经为他准备好渡河船只，可是项羽心意陡转，认为"无颜见江东父老"而自刎。

赞

置高俎扬言烹杀刘太公，不晓得谁出的主意，这一招是流氓招数，非但跟项羽的贵族个性不合，更被刘邦使出流氓性格回敬，结果颜面扫地。

要问刘邦击败项羽的关键是什么？一个字，忍。

接受项羽违背当初与楚怀王的约定，忍气吞声去到鸟不下蛋的汉中，是第一忍；彭城大败后，逃亡时竟然忍心将儿女推下马车，是第二忍；偷偷溜出荥阳城，让部将纪信替自己去送死，是第三忍；被项羽射伤后，硬撑着巡视军营，是第四忍；自己困处荥阳，仍不得不封韩信为齐王，是第五忍；对项羽嬉皮笑脸说"分我一杯羹"，是第六忍——"忍"字有好多层意思，刘邦都做到了。

但与其说刘邦击败项羽，不如说项羽是败给自己：项羽自命英雄，而英雄必须永远是英雄，不能露出"狗熊"样子，所以在突围逃亡中，还要回头冲杀给部下看，证明是"非战之罪，天亡我也"。甚至都到了乌江畔，只要渡过江去，"江东子弟多才俊，卷土重来未可知",但项羽仍然"无颜见江东父老",只好自刎。

如果要给刘邦加一项优点,那就是"脸皮厚":夺部将兵符、龟缩不出战、宁斗智不斗力、分我一杯羹,都得脸皮够厚,这一点其实跟"忍"的功夫相辅相成。

项羽从宰制天下到乌江自刎,西楚王朝历时四年,史家并没有给他一个"朝代",也就是说,虽然他曾经实质上做到号令天下,但是那却称不上"得天命"。而垓下胜利后的刘邦,虽已将天下握在掌中,但项羽的前车之鉴就在眼前,他想要帝国永续(建立"天命"),还有很多工作要做。

⑤ 诛杀功臣

安得猛士兮守四方

汉军凯旋西归,经过定陶(当初项梁在此阵亡)时,汉王刘邦突然闯进齐王韩信的大营,夺取符信,接管军队。

刘邦对韩信说:"你是楚人,就衣锦还乡去当楚王吧。"

事实上,韩信手下主要是齐军,还有他攻齐时带去的赵军,已经没有多少楚人了,这个动作的实质意义是将韩信从齐国根据地"拔"掉。

觇

如果说，项羽打开始就想取秦始皇而代之，当他有实力让天下臣服时，他却将天下分封掉了。

反观刘邦，最初只想"过一天皇帝的瘾也好"（大丈夫当如是也），可是随着事业版图不断扩张，从流氓到沛公，从沛公到汉王，再到项羽死后天下定于一尊，他都能"与时俱进"，将自己的思考与能力提升，即使在遭受重大挫败（如彭城之战）时，也都在想"下一步"。

基于刘邦这种特质，我们有理由相信：从确定项羽已经死了那一刻，刘邦就已经开始规划他的帝国蓝图（在此之前他只专心打败项羽再说）。而刘邦立即认定，他的帝国当前最大威胁是：韩信、彭越与英布。这三人在跟项羽对抗时，都是不可或缺的盟友，但是现在项羽已经不在了。

韩信接受改封楚王，毫无怨言，这是他第二次被刘邦夺取兵权。然而，虽然韩信对刘邦没有戒心，但刘邦却对韩信完全不放心。

对彭越，刘邦尽管实践承诺，却打了折扣，封彭越为梁王——当初答应的是魏王，而战国时魏惠王因为受秦国压迫而迁都大梁（今河南开封），于是又称梁惠王，因此梁王跟魏王听起来同义，但梁王彭越的都城却被设在……定陶！（那是韩信的大本营，彭越在那里没有"根"。）

隔了一年多，有人告密："楚王韩信谋反。"（这种没有真名实姓的检举，通常就是最高层要整肃的信号。）刘邦征询诸将意见"如何因应"，诸将一个个慷慨激昂地发言："立即出兵诛杀那小子。"（哪个敢表态不积极？）

刘邦沉默不语，转而问陈平看法如何。

陈平兜了好大一个圈子，跟刘邦进行了以下对话：

陈平问："诸将怎么说？"

刘邦："诸将都说要发兵攻打。"

陈平："有人告发韩信谋反，韩信知不知道？"

刘邦："他不知道。"

陈平："陛下能掌握的精兵，比楚国军队如何？"

刘邦："恐怕不如。"

陈平："陛下将领中，指挥大军作战的能力，有没有人超过韩信？"

刘邦："恐怕没有。"

陈平："军队不如楚兵精锐，将领不如韩信善战，若出动大军，岂不是逼他兴兵对抗？"

刘邦："那该怎么办才好。"

开战没把握，正是用得着奇计的时候，陈平一向智计无穷，立时提出了他的建议："古代天子经常到各地巡察，并借此机会与诸侯国君会晤。建议陛下宣称前往云梦大泽（今湖北省，古时多沼泽）巡狩，并在陈县（当初陈胜的都城）接见诸侯。陈县在楚国境内，韩信会放松戒心，以为天子只是例行出外巡游，又在自己势力范围内，不会防备。到时候他来进谒，只需要一个武士的力量，就可以逮捕他。"

刘邦依计而行，韩信果然前来晋见皇帝，被抓起来带回长安（原来的咸阳）。韩信被撤销楚王，改封淮阴侯，没有治罪，但也不能离开长安。韩信当然懊恼，说："果然应了俗话说的：'狡兔死，走狗烹；飞鸟尽，良弓藏；敌国破，谋臣亡。'天下已经平定，我活该被烹！"

发出这种牢骚，显示韩信还不认为他命在旦夕，直到以下对话之后，刘邦确定不能留韩信一命。

有一次，刘邦与韩信讨论诸将的能力，韩信一一分析。

刘邦突然问："那我能指挥多少军队？"

韩信说："陛下直接指挥军队作战，不过十万人，再多就不行了。"

刘邦问："那你呢？"

韩信说："我的话，多多益善。"

刘邦笑着说："你那么会带兵，为何却为我所擒？"

韩信："陛下不适合直接指挥军队，可是陛下很会指挥将领，所以我为你所擒。而且陛下这方面的能力，是上天授予的（张良说过这话），不是人力可以及得。"

终于在刘邦亲自带兵讨伐陈豨叛乱时，吕后透过萧何，将韩信骗进长乐宫杀死——刘邦有"不在场证明"。

下一个轮到梁王彭越。

刘邦在大泽抓韩信那次,彭越也去晋见皇帝,之后每年都去长安晋见。可是皇帝亲征陈豨时,在邯郸征召诸侯带兵去会合,彭越请病假没去;刘邦派使节去责问梁王,彭越不敢随使者去邯郸谢罪,又不敢造反,只好又请病假。于是刘邦派出特遣队,突袭梁王宫,逮捕彭越,囚在洛阳,班师时亲自审讯,将彭越废为庶人,流放到蜀郡青衣县(今四川雅安市)。押解途中,在郑县(今陕西华州区)遇到从长安来的吕后。他还以为遇到救星了,对吕后哭诉自己无罪,表示希望让他回到故乡昌邑(今山东金乡县)。

吕后答应帮彭越讲情,带他回洛阳,后来却跟刘邦说:"彭越是个英雄人物,将他流放蜀郡,那里天高皇帝远,岂不是留个后患?不如现在就杀了他。"于是又"有人检举"梁王造反,司法官奏请"族诛",皇帝批准,最后彭越全族被屠灭。

再下一个是淮南王英布。

刘邦杀彭越之后,不但将人头挂在城门之上,还将他的尸体剁成肉酱,分装赐给诸侯。人肉酱送到淮南时,英布正在打猎,当场感到恐慌,立即聚集军队部署防务,还派出侦探,随时回报邻近郡县有没有不寻常动静。

之后又发生了贲赫事件:淮南国中大夫贲赫被怀疑跟淮南王宠姬有奸情,潜逃到长安告状"淮南王谋反"。相国萧何认为情况不明,应该先逮捕贲赫,然后派人去淮南国调查。谁晓得,英布的心理已经非常脆弱,听说皇帝派人来调查他,就起兵造反了。

英布为了安将领的心,对他们说:"皇上年纪大了,不可能亲自前来。诸将中我只忌惮韩信与彭越,这两人都已死,其他人都不够看!"

长安城里,刘邦向诸将征询意见,诸将异口同声:"出动大军,坑杀那小子,他有什么能耐?"

可是刘邦心里明白他们都不是英布的对手,而刘邦自己有病在身,乃有意让太子刘盈领兵出征,却被吕后的泪水攻势打消,最后还是刘邦抱病御驾亲征。朝中大臣齐集灞上送行,留侯张良也有病在身,勉强起床送行。看见一向随他南征北讨的张良也老了、病了,刘邦不禁潸然泪下,嘱咐张良要用心辅佐太子。

英布因战略错误被刘邦击败,可是刘邦却也受了箭伤,于是将战场交给将领收拾(英布最后被小舅子出卖袭杀),自己回转长安。途中经过沛县老家,以当年起义的县署为行宫,召集当年老朋友以及地方父老子弟,一齐放纵饮酒。

刘邦召集一百二十位年轻人,教他们合唱亲自作词的《大风歌》:"大风起兮云飞扬,威加海内兮归故乡,安得猛士兮守四方!"

砚

这首《大风歌》,后人多半赞扬第一句,充分展露刘邦的气魄与格局。可是敏感一点的,就能体会到第三句的心情:最能打仗的三位大将都因为"谋反"而遭到"制裁",以后谁来保卫他的帝国呢?

但是,韩信、彭越、英布如果活着,而且保有封国和军队,却是帝国最大的威胁啊!

为了自己身后的帝国安全,诛杀功臣是不得已的,是吗?不是吗?

*萧何自污，张良辟谷

刘邦最得力的三位干将：萧何、张良、韩信。三人中刘邦最忌讳韩信，所以一再打压他，最后仍必须杀了他。那萧何跟张良呢？

诛杀韩信的行动，萧何很有功劳（将韩信骗进宫），刘邦为萧何加官进爵：官位升为相国，封邑增加五千户，相国府配置五百名守卫。群臣、诸将都向萧何道贺，唯独故秦国的东陵侯召平向他表示"哀悼"，说："阁下的灾祸自此开始了。你以为加派卫士是恩宠吗？是防卫你啊！建议你推辞加封的食邑，并且捐出私人财产资助军费，以消除皇帝猜忌之心。"萧何完全接受这话并照做，刘邦大喜。相国府一位幕宾更建议他：多买一些田地，并向人民借低利贷，"让自己有一些污点"。果然，刘邦在前线多次派人回长安打听"相国有什么举动"，听到有人检举萧何贪利牟私，反而龙心大悦。

张良对刘邦可说最了解，因为他曾长时间贴近观察，刘邦打胜仗时、打败仗时、得意时、失意时，张良都在身边。刘邦杀了韩信之后，张良有一天宣布他要开始"辟谷"，也就是不食人间烟火，说要"随赤松子游"，也就是追求修道成仙。

萧何表明"贪财无野心"，张良表明"不追求俗世权位"，让刘邦放心，而没有被"处置"。

六 万世一系

非刘氏而王者，天下共击之

刘邦没有历史先例可以学，在他之前，尧舜禹汤是部落政治，周朝是城邦政治，秦始皇的中央集权／地方郡县二级制看起来则是失败的。刘邦设定的帝国制度是郡国并行，也就是皇帝对各王侯是一个系统（周朝的设计），中央对郡县是一个系统（秦朝的设计），封国相跟郡太守同品秩（二千石），都是地方首长，但不相统属。如此设计当然会出现扞格，但在当时却是"折中而不极端"的考量。

刚称帝时，刘邦封了很多王，除了韩信、彭越、英布，还包括吴芮、韩王信、臧荼、张敖、卢绾等。杀韩信之后，刘邦开始封刘姓皇族为王。后来臧荼、卢绾竟然也造反，刘邦在平定诸王叛变后，猛然惊觉他的控制力其实只局限在关中和河洛地区，远一点就鞭长莫及。同时，万一再有叛乱发生，也没有能够让自己放心的将领可以领兵出征。

于是刘邦想出一个他认为可以一劳永逸的办法：他召集诸将，斩白马为誓，"非刘氏而王者，天下共击之；若无功上所置而侯者，天下共诛之"，就是非皇族成员不得封王，没有军功者不得封侯，而且诸将封侯者"国以永存，施及苗裔"（诸将为了保卫自己后代的利益，会努力保卫帝国）。

刘邦认为这样就可以拱卫刘氏天下，永保无虞了。但历史证明他的想法错了，后来汉景帝时发生"七国之乱"，就是刘姓皇族造皇帝的反。但那是后话不赘，此处重点在于，刘邦得天下之后，非常用心地思考帝国永续之法，并将想法付诸实施。这一点，秦始皇有做，项羽没做。

刘邦虽然受本身才具所限而不能做更好的设计，但是他的"后事安排"却奠定了大汉帝国的百年兴盛。

刘邦在亲征英布时受了箭伤,归途中伤势发作,相当严重。回到长安,吕后找来良医,入寝宫看诊。

刘邦问:"情况如何?"

医生说:"没问题,有把握治好。"

听他这么说,刘邦突然变脸,大骂:"老子一个老百姓提三尺剑取得天下,这难道不是天命吗?既然我的命系于上天,纵使扁鹊来治病,又岂能改变天意!"不许医生继续看病,赐他五十金,打发走路。

这番话让吕后惊觉,刘邦一辈子都不听天由命,现在突然讲起"天命",显然不寻常。过了一会儿,吕后等他气平些了,问:"陛下百岁以后(指过世),萧相国如果死了,谁能接替相国重任?"

吕后这一问,登时唤起了刘邦的危机意识,看来自己死后,老婆会总揽一切,难道刘家的天下将因此送给吕家?于是有了以下的对话。

刘邦说:"曹参可以。"

"曹参之后呢?"

"王陵可以。但王陵稍微憨直了一些,处理事情不够灵活,陈平可以帮他忙。陈平小聪明很多,可是不能独当一面。周勃为人宽厚自重,不做表面功夫,可是将来安定咱们刘氏天下的,必定是周勃,可以让他担任太尉(掌军事)。"

吕后再问以次。

刘邦说:"再往后,你也管不到了。"

吕后显然没有体会到刘邦所谓"安定咱们刘氏天下"的意思,否则后来不会任命"王陵+陈平+周勃"的执政团队,而后来平定"诸吕之乱"(吕后当家,娘家兄弟外甥一度执掌大权),也是陈平跟周勃主导,证明了刘邦的先见与高明。

刘邦的遗言确定了"萧规曹随",因此奠定了大汉帝国长治久安的基础。

赞

之前提到萧何能够与时俱进,在帝国肇建,自己成为相国之后,他制定《九章律》,在秦代旧律的六章(盗、贼、囚、捕、杂、具)之外,加上"户、兴、厩"三章。而《九章律》加上叔孙通、张汤、赵禹等制定的律法,组成后世所称"汉律"。

也就是说,当初刘邦入关与关中父老"约法三章",是让关中百姓在承受秦朝严苛法律多年之后松一口气,而大汉帝国肇建之后,萧何将秦法修改增补,使法律更完整周到。秦朝法令失之严苛,萧何自己担任相国,加上曹参跟他作风一致,能够保证法令不至于过分严苛。也就是说,汉朝能够比秦朝更"合理法治",那正是人心安服的重要因素。

而曹参的态度更为难得:虽然他跟萧何是一同起义的老同志,可是我们看过太多例子,老伙伴"未达时友善,既达时有隙",古今皆然。曹参能够承认自己不如萧何已经不容易,为了国家而不求个人名声,更堪为千古典范。

同时,西汉初年丞相能够"封还诏书",相当于宰相拥有复决权,这跟最初几位宰相如相国萧何、曹参,丞相王陵、陈平等,都是和刘邦一同打天下的老同志,压得住属于晚辈的刘姓诸王列侯有关(相权到汉武帝时才遭压制)。而"萧规曹随"让吕后无萧曹间矛盾可利用,也是相权能够制衡皇权的重要因素。

总之,刘邦与诸将立"白马之誓"是有意识的,但这个誓约只在诛除诸吕时产生了作用,后来甚至成为"七国之乱"的根源;而"萧规曹随"是刘邦无意识造成的,却奠定了西汉帝国绵祚二百一十年的基础。

卷二

耕读世家子弟
得天命

东汉光武帝刘秀

——谶云:"刘秀当为天子。"

光武曰:"何用而知非仆乎?"

王莽篡汉后，搞得民不聊生，终至变民蜂起而人心思汉，这是刘秀的时代背景。如果不是天下大乱，刘秀大概会耕田读书一辈子，并且是南阳同乡口中的耕读楷模。如此一个安分守己的角色，居然成为东汉（后汉）王朝的开国君主，归结原因，跟刘邦一样——时势造英雄。

于是我们先来了解时势：王莽怎么篡夺了西汉（前汉）王朝？又怎么搞成人心思汉？

汉高祖刘邦建立汉朝"天命"后，经过文景之治，传到汉武帝时国力鼎盛、达到巅峰，虽然武帝把祖宗基业挥霍殆尽，但他的曾孙汉宣帝号称中兴，国家又回到文景之治的荣景。可是大汉帝国从宣帝之后开始走下坡，元成哀平四世外戚干政弄权，朝政日非。根本原因是连续出现小皇帝，由太后主政，于是太后娘家兄弟入朝"襄佐"，最混乱的时候曾经"四太后并立"，收拾那个乱局的是王太后王政君，且由于她活得很久，王氏兄弟长期轮流执政，王家奢靡无度。这时候出了一个"奇葩"王莽,居然能够出淤泥而不染,礼贤下士,模仿周公"一沐三捉发,一饭三吐哺",赢得当时儒家学者的一致赞誉。

汉武帝独尊儒术之后,百家不再争鸣,所有的学者都是儒家,且由于学官一体,朝廷官吏也都是儒家。同时又因本属阴阳家的阴阳五行说化整为零渗入了儒家学说,这些儒家学官们为王莽制造了很多神迹、谶言,将王莽塑造为"外戚救世主",也因此创造了另一个奇迹——易姓移鼎而能不流血,假托"禅让"之名,上比尧舜,让王莽篡了汉室。

理论上,王莽是一个改革者,当时的政治也着实需要大大改革一番。问题在于,王莽跟他身边的马屁集团长期欺骗大众,谎言说多了,结果自己深信不疑。既然王莽"上比尧舜、周公",他的改革乃就全面复古。其中最极端的是币制改革,王莽的新朝废止汉朝五铢钱,改用贝币、布币、刀币等古代货币,结果金融秩序整个被破坏,交易几乎完全停止,百业俱废,民生凋敝。民间歌谣唱出"黄牛白腹,五铢当复",也就是说,人们其实并不怀念汉朝政府的劣政(外戚干政),人心思汉,"思"的是汉朝的五铢钱!总之,王莽的改革变成一场全国性的灾难,人们无法生活,于是啸聚山林,攻打州县、劫掠乡村——天下大乱。

刘秀是刘邦的后代,中间隔了八代,自他上溯六代还是长沙王,到他父亲只是个知县,家族在南阳郡(跨今河南湖北二省)是大地主。刘秀在兄弟中排行第三,曾经游学长安,平素"勤于稼穑",所以是个典型的耕读世家子弟。

刘秀的大哥刘縯却不是安分守己之辈,他"慷慨有大节""不事家人居业""交结天下雄俊",更常常将刘秀比作"高祖的二哥"——刘邦的二哥刘仲对家中农事卖力,刘太公以前常常责备刘邦"怎不学学二哥",等到刘邦当了皇帝,乃有了这一幕:皇帝刘邦对太上皇刘太公一吐怨气:"我现在的产业比起二哥怎样啊?"

刘縯将刘秀比作刘仲,很显然是自比高祖刘邦,也就是胸怀大志。后来南阳军起义抗莽初期,刘縯一直是领袖,因此受更始皇帝刘玄忌惮并被害死。

然而,刘秀却不是靠老哥成事的角色:当发觉人心思乱,他第一个劝老哥举事;举事时脱掉儒衫穿上戎装,跌破乡亲眼镜;昆阳之战能激励守军意志,胆敢率十三骑突围,能劝服各地守将救援昆阳,在援军到达昆阳后,更能率先冲锋,打第一仗、立第一功;更始杀了刘縯,刘秀居然能若无其事,继续处更始之下;在河北形势不利时,仍能保持镇定,临机应变。他绝不强出头,可是看到机会来了,绝不后人;事情顺利、形势有利则"得陇望蜀",事情不顺利、形势不利则"失之东隅,收之桑榆";该奋战力拼则奋战力拼,该迂回就迂回,可以"驱狼赶虎"就绝不"暴虎冯河"。一旦天下大定,需要专心治理,他立刻成为一位勤劳的皇帝,臣子劝他不要太劳累,他说"吾自乐此,不疲也"。

要跟刘邦比较的话,刘秀面对的状况比刘邦复杂得多。

刘邦只要对付一个项羽，可是刘秀却四面都是敌人：他的根据地在河北、河南，这一片土地上当时有数十个起义团体，还有两个已经称帝的对手，往东有自称齐王的张步和人数最众的起义团体"赤眉"，往西关中是绿林军建立的玄汉政权，更往西的甘肃有两个割据军阀隗嚣和窦融，四川则有称帝的公孙述。

刘秀的本事于是展现：他不但能令英雄豪杰归附于他，还能分派适当的将领去平定各个地方，并且让这些英雄豪杰听他的调度，按照他定的顺序采取行动；更能抓住时机，在对手被击败崩溃时，亲自到达前线接受投降（预防将领坐大）。

刘邦曾经说，他赢过项羽是因为他能用萧何、张良、韩信等人才，以这一点来看刘秀的话，刘秀担任主帅还要身兼张良与韩信的角色，着实不易。

然而，刘秀蒙受了刘邦最大的遗泽——人心思汉，若不是因为西汉建立的正统观念，"还是要姓刘的当皇帝"也不会广为人民接受。

【原典精华】

高祖大朝诸侯群臣,置酒未央前殿。高祖奉玉卮,起为太上皇寿,曰:"始大人常以臣无赖,不能治产业,不如仲力。今某之业所就孰与仲多?"

——《史记·高祖本纪》

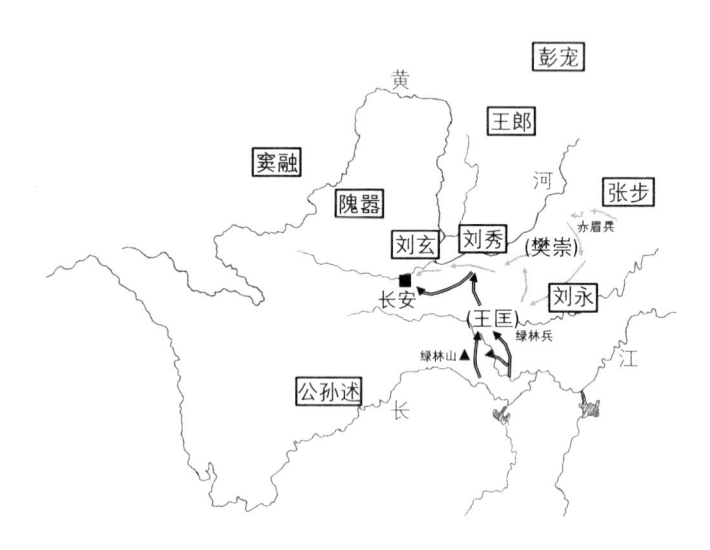

△ 新莽末期群雄割据

一 起义前后

娶妻当得阴丽华

刘秀早年曾经游学长安,而且是"勤工俭学",没钱坐马车,跟一位韩姓同学合买了一头驴,两人坐驴车去长安。路上拉"黄鱼(搭便车的人)"同乘驴车,贴补旅费。到了长安,进入太学,专攻《尚书》。

刘秀在长安眼界大开,说出一句名言:"仕宦当作执金吾,娶妻当得阴丽华。"意思是"要做官,就该做执金吾;娶老婆,就该娶阴丽华"。

执金吾官位不高,但是威风很大:长安的京城卫戍任务由南军和北军负责,南军掌宫禁安全,首长是卫尉;北军掌巡察、禁暴、督奸,首长是执金吾——可以想象执金吾巡察街道时的威风。如此"志向"比起刘邦那句"大丈夫当如是也",似乎小很多,刘秀因此被评为"初无大志"。

阴丽华是刘秀家乡南阳郡新野县有名的美女,刘秀在二十九岁那年,果然娶了阴丽华(当时十九岁),但是因为刘秀戎马倥偬,阴丽华在成亲三个月后就被送回南阳。直到刘秀称帝,才派人接来阴丽华。但是刘秀在征战过程中,又结了一门政治婚姻,娶了真定王刘杨的外甥女郭圣通,阴丽华暂时委屈当贵妃。后来刘秀废了郭皇后,改立阴皇后。

觇

乘着驴车到长安游学的穷书生,以执金吾为目标,是不是"无大志"?有讨论的空间。然而,刘秀一心要娶阴丽华,先是在四处征战的时候迎娶,然后抛下新妇回去战场;称帝后将她接到行在(皇帝出巡或出征时的驻在地),若非阴丽华坚持谦让,郭皇后当时就被废了,而最终仍然立阴丽华为后。

以此观之,刘秀对阴丽华是绝对专情的。古时候一般男人都未必如此,何况皇帝?更何况郭皇后是政治交换的婚姻。易言之,刘秀的性格是有所坚持的。

很巧，本书五位主人翁对他们的元配都很专情，虽然他们都有很多后宫嫔妃。只有曹操废丁夫人，但也是因为长子曹昂之死而反目，曹操曾欲迎回却不成。

在王莽尚未篡汉时，民间就流传一段图谶文字："刘秀发兵捕不道，四夷云集龙斗野，四七之际火为主。"这一段让人完全看不懂的文字，却在后来"人心思汉"气氛中，转化成"刘秀当为天子"的传言。且因为这个传言，王莽的国师刘歆改名为刘秀。

有一次，刘秀与姐夫邓晨一块儿去拜访一位术士蔡少公。蔡少公引上述谶言说"刘秀当为天子"，一旁有人接口："难道是国师公刘秀吗？"刘秀开玩笑说："你怎么知道不是我呢？"在座众人哄堂大笑，只有邓晨私心窃喜，认为小舅子必有大成就。

宛城（南阳郡治）有一位学者李守，平素研究星象与图谶，对他的儿子李通说："刘氏将复兴，李氏辅佐他。"李氏父子看好刘縯，于是当刘秀到宛城卖米时，李通派堂弟李轶将刘秀接到家里款待，以图谶游说刘秀。双方约定借立秋骑兵校阅的日子，劫持南阳郡军政首长，号令军队起义。

刘秀当时听到李氏昆仲说及"外面人心思汉"，认为时机已至，回家就跟老哥刘縯商量起兵反莽。刘縯纠集宾客并向族人宣布，族人原本对"起义"非常害怕，有人躲起来不敢出面，说"伯升（刘縯的字）会害死我们"。及至看到刘秀也以戎装出现，惊讶地说："连这位老实人也敢起义呀！"这才人心大定，集结了七八千人，打起"汉军"旗号，刘縯自称"柱天都部"。

当时各地起义军蜂起，最早也最大的一股是山东的赤眉，湖北一带则是啸聚绿林山的流民，人数有两三万之多，称为"绿林兵"。绿林兵下山后分两路移动，向西一路称为"下江兵"，向北一路称为"新市兵"。新市兵会合另一路"平林兵"，进入南阳郡，刘縯派人去跟他们联络，一同攻击长聚，又攻下唐子乡后，联军居然屠城！如此军纪荡然的杂牌军，在第一次胜仗之后，就因分赃不均闹内讧，新市兵与平林兵吵着要攻打刘家军。解决这个状况的是刘秀，他将所有劫掠而来的财物，全部分给新市兵与平林兵，大家回嗔为喜，继续向前挺进。

联军的第二仗遇上了南阳郡政府军，当时大雾弥漫，汉军大败。刘秀单人匹马逃走，遇到妹妹刘伯姬，拉她上马，两人共一骑逃命。后来又遇到姐姐刘元，刘秀催促她上马，刘元说："你们快逃吧，不必死在一块儿！"说着，追兵已到，刘元与她的三个女儿都遭杀害，刘氏族人死了数十人，包括刘秀的二哥刘仲。

赞

这一段正好可以跟刘邦在彭城之战大败后的表现对比：刘秀是耕读世家子弟，跟妹妹共骑逃命；而刘邦是流氓，路上将儿子女儿推下车。两人的行为截然相反，也看出两人的价值观差异。

新市兵与平林兵见汉军大败，信心动摇，想要从战场撤退。正在此时，下江兵五千余人前来，刘縯带着刘秀、李通去见他们的首领王常。说服王常后，王常又说服下江兵其他将领。下江兵加入汉军，再会合新市兵与平林兵，军容复振。联军休养三天后，分六路出击，先偷袭获取南阳郡政府军的辎重，再大破南阳郡军队。然后挺进到宛城，与新政府派出的剿匪军将领严尤、陈茂会战，大胜。

至此，刘縯的军队已有十余万兵力，因而让新市兵、平林兵感受到威胁。于是，他们推出一个傀儡——平林兵的"更始将军"刘玄（与刘縯是刘姓皇族同一支的堂兄），合谋拥戴刘玄称帝，以制衡刘縯。

淯水畔沙滩上，堆起了一座高坛，刘玄在坛上即皇帝位，面向南方而立，接受群众朝拜，定国号为汉，年号更始，史称"玄汉"。可是这位新皇帝既紧张又羞愧，满头大汗，只会举手示意，讲不出一句话来。他的表现令现场许多英雄豪杰失望，内心不服。

觇

前文比较了刘秀跟刘邦，而这一段最值得觇探的，应该是比较刘秀与刘縯。

刘縯是大哥，有江湖气，有领导欲，一向有志于复兴汉室。可是当外面世界已经"人心思汉"的时候，反而是刘秀敦促老哥举事——刘秀比刘縯更能掌握时机。舂陵举事时，族人惊讶"谨厚者也敢起义吗？"于是大家都参加了。——刘秀"不为人先，但亦不落人后"的性格在此时展露无遗。这两个举动更令人好奇，刘秀当时下了怎样的决心？同样是耕读子弟，他为什么就比其他人敢？

当新市兵、平林兵因为分赃不均内讧时，是刘秀决定将掠得财物全部分给他们，这个决定当时怎么下的？刘縯个性豪爽，可是他并没有想到要这么做，而刘秀的想法显然是"打天下还要靠他们，此时不能吝惜财物"——一个勤于稼穑的读书人，怎么能在如此紧绷的场面下，快速且果断地下如此决定？而如此快速决断在后来昆阳之战中也出现。

也就是说，起初看来刘縯是领袖，刘秀是附随，最终却是刘縯被杀而刘秀称帝,不能简单用"天命"来解释。必须说,刘秀总是能够准确判断当下形势,而且能当机立断,做出的决定总是能够解决问题,这种特质才是他能关关难过关关过的原因。

至于刘秀那一句:"怎么知道不是我呢?"当场听到的人都没当一回事,但刘秀是纯搞笑吗?显然不是。所以在李氏父子对他"以图谶说之"后,刘秀回去就劝刘縯举事。或许,刘縯是从来都胸怀大志,但若说刘秀没有大志,未免小看他了。

【原典精华】

> 初,诸家子弟恐惧,皆亡逃自匿,曰『伯升杀我』。及见光武绛衣大冠,皆惊曰『谨厚者亦复为之』,乃稍自安。
>
> ——《后汉书·光武帝纪》

(二) 能伸能屈

从昆阳到洛阳

遍地生乱,王莽为了表现自信、镇定,将自己的白发染黑,并一口气娶了一百二十位后宫嫔妃,然后降诏全国大赦,同时派王匡、哀章讨伐青徐盗匪(赤眉),严尤、陈茂讨伐南阳盗匪(绿林),但是却要将领们"明白告示,为他们指点生路,保证从良不杀""如果执迷不悟,将派大司空(王邑)率百万大军剿除根绝"。也就是说,王莽一直自比尧舜来欺骗人心,谎言说多了,虽然已经骗不了人,自己却深信不疑,相信用教化可以治理天下——要军事将领去教化揭竿而起的农民，简单说，就是不求打胜仗!

严尤、陈茂被刘縯击败，绿林军更拥立刘玄称帝，消息传到长安，王莽只得打出"王牌"，派王邑与王寻率领百万大军东征平乱，大军包括六十三位兵法家参谋，以及一名"巨无霸"（身高一丈，腰粗十围，小车载不下，三匹马拉不动，睡觉头枕战鼓，吃饭以铁棍为箸），还有大量猛兽（虎、豹、犀、象等），总数四十三万人，号称百万。大军由长安朝洛阳进发，旗帜、辎重、人马络绎于途，迤逦千里，跟严尤、陈茂会合。

王莽大军声势浩大，首当其冲的绿林兵将领不敢对抗，各自退兵，最后都退进了昆阳城（今河南叶县）。城里弥漫着恐怖气息，将领们挂念自己的妻儿老小，于是有人主张化整为零，各自散去，说得好听是"不让敌人捕捉到主力"。

这个节骨眼上，唯一持反对意见的，只有刘秀。

他说："我们兵力既少，粮食更少，而敌人却强大无比。如果合力御敌，还有成功的机会，一旦散去，必定被逐一收拾。目前宛城的军队还不能来救，万一昆阳陷落，其他部队将在旦夕之间被消灭殆尽。这是只能拼死守城的局面，想不到各位非但不能肝胆相照，誓死同心，反而只想到妻子儿女！"

诸将大怒，对着刘秀咆哮："你怎么敢说出这种话！"

刘秀笑笑，起身离席。但他才出去，就有探马来报："敌人大军即将到达城北，连营数百里，看不见尾巴。"

那些刚才对刘秀大呼小叫的将领，面对紧急状况，不知所措，只好再去请他回来商量。

刘秀不愠不火，对着地图分析情势。

诸将早没了主意，只好说："全听刘将军的。"

刘秀带领十三骑冲出南城，王邑听说守城军有十余骑突围，才下令围城。昆阳城外布下数十重包围，钲鼓之声传至数十里外。城外军队夜以继日攻城，挖地道、冲撞城门，箭下如蝗、矢下如雨，城中守军必须背着门板才能汲水。

严尤建议王邑："昆阳城小而坚固，攻城不易成功。而那个窃号称帝的家伙（指更始皇帝刘玄）不在这里，而在宛城。我们大军攻向宛城，宛城解决了，昆阳自然平定。"

王邑说："我率领百万大军，遇到第一个叛军城池，如果打不下来，无以展现军威。我要先攻下此城，屠杀全城，踏着敌人的鲜血前进，前锋高歌，后卫舞蹈，岂不快哉！"

不许投降，又无法突围，昆阳守军乃只有死守一途。

另一方面，刘秀突围后，在郾城、定陵一带征调所有可能征调到的起义军队。有些将领贪惜掠夺来的财宝，想要保留兵力看守，刘秀对他们说："这一次若能打败敌人，等待我们享用的财宝何止万倍？若被敌人打败，人头都没了，要财宝有何用？"诸将被他说服，乃投入所有兵力。

援兵接近昆阳，刘秀亲率一千兵力为前锋，在距离王邑大军四五里的地方布阵。王邑派出数千人挑战，刘秀率先冲锋，斩首数十级。

赢了第一回合，玄汉军乘胜挺进。莽军阵脚松动，向后退却，各路援军乘势攻击，斩首数百上千人。

刘秀再领三千人组成敢死队，沿着护城河直冲王邑指挥部。王邑与王寻未将这支敌军放在眼里，自领一万余人，结阵以待；下令各营"不得允许，不得出动"，想要亲自收拾闯入包围圈的敢死队。

谁晓得，指挥系统已经失效，王邑部下军队无法抵挡起义军的势头，纷纷向后撤退，而各营未奉命令，又不敢驰援。王邑、王寻阵脚为之大乱，刘秀的敢死队冲锋陷阵，王寻在乱军中被杀。

困守城内的玄汉军将领望见，一个个都受到激励，说："刘秀平素遇到小撮敌人都会胆怯，如今遭逢强大敌人却如此勇敢，真是奇怪。他还敢亲自带队冲锋，我们不应该在城上观战，应该下去与他一同杀敌。"

赞

后世史家认为刘秀拥有天命，很多都引"见小敌怯，见大敌勇"为证据，否则怎么可能遇弱者胆怯，遇强者反勇呢？

然而，这种看法可能没有考虑到：大敌要来，会有足够的时间和情报评估情势；而小敌却多半是突然出现，状况不明。

易言之，刘秀的保守性格使得他"见小敌怯"，对于王邑百万大军，虽然情势险峻，但状况却清楚。

刘秀能在大军压境的情况下，想出扭转被动局面之路，才是他超越那些绿林军将领之处。

于是，昆阳城内守军开城杀出，前后夹击，杀声震天。王莽大军哗然崩溃奔逃，人马相互践踏，百里内伏尸遍地。又恰遇风云变色，巨雷狂风，屋瓦飞荡，大雨倾盆而下，河水暴涨，莽军带来的虎豹猛兽在木笼中战栗，士卒淹死者上万人。王邑带着严尤、陈茂，抛弃辎重，轻骑逃出，踏着士卒的尸体渡过河水，狼狈逃回洛阳。数十万大军溃散，散兵各自逃回家乡郡县，无法再作集结。

在此之前，刘縯领兵攻克宛城，宛城成为玄汉都城，现在刘秀在昆阳之战立了大功，新市兵与平林兵因刘氏兄弟威名日盛倍感威胁，于是怂恿更始皇帝刘玄借故杀了刘縯。

刘秀在前线接到噩耗，奔回宛城"请罪"。刘縯旧属齐集迎接刘秀（等待指示），刘秀不跟他们做言语上的交谈，只深深地鞠躬答礼，也不为刘縯服丧，饮食、言语一如平常，老哥之死，只当没事。

刘秀晋见更始，绝口不提自己在昆阳大捷的功劳，如此表现令刘玄感到内疚，擢升刘秀为破房大将军，封武信侯。

击溃百万大军之后，玄汉得到天下人心认同（因为人心思汉），于是发出檄文，高举"兴汉灭莽"旗帜，进军关中。

长安城内，王莽已经众叛亲离，不敢相信任何人，陷入深度忧虑，自悲自怜加上恼羞成怒，使他食不下咽，成天饮酒浇愁，配一点鲍鱼。精神稍好的时间，都用来读兵书。但是光读兵书退不了敌，终于玄汉军攻进长安城，长安城中年轻人动作更快，纵火焚烧皇宫便门，冲进未央宫。

王莽逃到未央宫宣室前殿，手中拿着帝虞（舜）的匕首，还拉着天文郎（占卜官）为他找到宫殿内最佳方位坐下，口中喃喃自语："天命在我，汉兵能拿我怎样？"最终，王莽的尸体被割成碎块（暴民抢尸体争功），人头被送到宛城，悬在街市示众。

玄汉更始皇帝想要定都洛阳，任命刘秀为司隶校尉，先去洛阳修建宫殿与政府机关办公厅舍。刘秀这下子可以一遂"执金吾"心愿了（司隶校尉此时等同京城卫戍司令），他按照前汉的典章制度，组成自己的司隶总部，设官任职，用正式公文行令所属郡县。

当时，三辅（大长安地区）官员派出代表到洛阳去迎接更始皇帝，以示输诚。他们一路上看见玄汉军将领都没有头盔、冠帽，只用布巾包头，身上衣服如妇人一般，都掩口偷笑。等到了洛阳，看见司隶校尉属下的官员作为，激动得难以克制情绪，一些较年长的官吏甚至感动到流泪，说："没想到今天再次见到大汉帝国的官员威仪！"

刘玄进入洛阳宫殿，开始认真思考一统天下，首先要搞定黄河以北地区的众多军事集团。他苦思适当人选而不得，后经人建议，任命刘秀为大司马，前往河北招抚起义军。

刘秀始终不露出丧兄之痛，表面十分平静，可是每逢单独自处，都不吃酒肉，枕席间常留下泪痕。如此小心谨慎，才让刘玄对他放心，因此保住性命，终于等到了这个机会出现。

赞

王莽末路时说"天命在我"，充分凸显他昧于天理：天下间绝对没有失去人心的"天命"。

更始杀了刘縯，却相信刘秀不会叛变，同样也是出于"天命在我"的自大。

刘秀能够忍住兄死之痛，外表一切如常，绝非腼颜事仇，也不只是包羞忍辱，而是"有所待"。这种忍，近似春秋时越王勾践那种"忍"，两人具有同样坚忍的意志力，但相较于勾践的残忍，刘秀宽厚且胸襟格局大得多。又，合理研判刘秀在前往宛城请罪途中，已经想好往后如何对付刘玄，这一点近似刘邦在彭城大败逃命途中已想好怎么对付项羽。

而经营洛阳都城那一段，刘秀施行的是前汉制度

（他在长安看到的），展现他能在乱世中建立秩序的能力，这种能力透过老吏之口，再经过父老（平民社会的意见领袖）之口，就会形成公共舆论。因此，在"人心思汉"的普遍心理背景之下，最终人心归向刘秀，而唾弃刘玄（绿林兵）、刘盆子（赤眉）等其他姓刘的皇帝。

本章还有一个反面教材：刘縯。他素有复兴汉室大志，性格豪爽，长期结交英雄豪杰，而且能征善战，刘家军以他马首是瞻，他如果最终胜出，肯定被形容是真命天子。可是他却忽视了最严峻的一件事：任何人一旦称帝，就拥有生杀大权。

刘縯很可能完全不把刘玄放在眼里，可是他忽视了刘玄若要杀他可以"莫须有"！这是刘縯犯下的错误，同时也是刘秀坚忍百忍而始终未犯的错误——天命就此决定。

【原典精华】

时三辅吏士东迎更始,见诸将过,皆冠帻而服妇人衣,莫不笑之;及见司隶僚属,皆欢喜不自胜,老吏或垂涕曰:"不图今日复见汉官威仪!"

——《资治通鉴·汉纪三十一》

(三) 大度能容

推赤心入人腹中

刘玄没杀刘秀,为"王者不死"添了一个例证。而且,刘秀其实无法选择跟刘玄对抗,当时天下人心几乎都向着更始汉帝——归纳这一段时间,称帝者十人、称王者八人,称大将军、上将军等暗示统领天下意味头衔者三人,其中国号为"汉"者八人,姓刘的八人,但能够号令天下的只有玄汉政权。

可是刘玄搞砸了,他实在不是当皇帝的料,玄汉政府基本上还是绿林兵的作风。刘玄坐在皇帝龙椅上,诸将觐见,他居然问:"这次掳掠所得多少?"把长期在长安宫里工作的随侍官员都听呆了。

刘玄如果没有"外放"刘秀,刘秀未必有能力在长安发动兵变,即使兵变成功也未必镇得住绿林诸将。现在刘秀顶着玄汉政权的大司马头衔,有号令各地方政府的"合法性",才有机会展现他的能力,赢取人心。然而,这个任务当然极度困难,更不会是肥缺,否则也轮不到刘秀。

当时河北起义如雨后春笋:铜马、大肜、高湖、重连、铁胫、大枪、尤来、上江、青犊、五校、五楼、富平、获索……看名称就知道他们眼界不高,所以始终是在地土匪,谈不上争胜天下。可是,要平服这些地头蛇,必须四面作战,因此除了要有军队,还需要很多将领人才。

东汉开国"云台二十八将"当中,南阳同乡有十一位,另有七位是隔壁郡颍川(郡治在今河南许昌市)人,"南阳帮"算是刘秀阵营的主干。但若撇开同乡关系,二十八人中,有二十人是在刘秀经略河北期间加入阵营。最具代表性的一位,也是云台二十八将之首的邓禹,就是南阳人,更与刘秀在长安就认识,听说刘秀在河北,从家乡不辞跋涉投奔刘秀。当时刘秀在河北诸郡县巡行,邓禹一路步行追赶,终于在邺城追到。

刘秀对邓禹说:"我得到授权可以封爵任官,先生远道而来,是有意入仕吗?"

邓禹说:"不想做官。"

刘秀："那你想要什么？"

邓禹："希望阁下能成为天下之主，而我能在你属下效尺寸之力，让我得以名留青史。"

这段对话反映了人才投奔刘秀的共同心理，而刘秀还有一个人所不及的才能——他能分辨前来投奔者的动机。

乱世是人才出头的大好机会，但也是冒险家、野心家的乐园。刘秀到了河北，一位刘姓皇族刘林主动上门，他是汉景帝的七代孙，父亲是平干缪王刘元（因犯罪而问斩）。刘林建议刘秀："决开黄河堤防，赤眉军将全部成为鱼鳖。"刘秀已经得到授权，可号令河北，若再消灭当时规模最大的赤眉军，就掌握了山东和河北，三分天下有其一，这确实是一个野心勃勃的战略。可是那一句"赤眉为鱼鳖矣"让刘秀看穿了刘林——他是个人才，但这种人为达目的不择手段，即使留用也会生异心，于是他拒绝了这个提案。

于是刘林转向河北另一股势力——王郎。王郎原本是一个算命郎中，自称是汉成帝的儿子刘子舆号召抗莽。刘林号召原赵国豪族拥立这个山寨货，很快集结了数千人（人心思汉可见），然后在一天早晨，率领数百骑兵与战车突然进入邯郸城，接管赵王宫，传檄天下"刘子舆为汉天子"，河北诸郡一时望风响应。当然，他们的首要战犯就是"长安伪政权"派来的刘秀。

刘秀此时人在蓟城（今北京市西城区），他派王霸到蓟城街上招募军队，反而遭到街上人们的讪笑，王霸羞愧而回。

这个时候，王郎悬赏十万户收买刘秀人头的宣抚使者也来到了蓟城，城内气氛突然转为诡谲——退出蓟城是明智之举，但是要往哪去呢？往北是渔阳、上谷（范围跨今北京、河北、天津），可是诸将多为中原人，倾向于往南，只有耿弇极力主张往北。

刘秀决定往北，指着耿弇对诸将说："他就是我的北道主人。"

耿弇是何许人？他是上谷太守耿况的儿子，原本耿况派他去长安（玄汉从洛阳迁都长安）向更始复命，耿弇半路上决定投向刘秀。刘秀此时想要往北去上谷，但是形势陡变，北向无法实现。

市井传言王郎的使者已经到了蓟城，郡县官吏都已经出城迎接。很现实的，蓟城此刻不容许有更始的使者，否则全城都危险。刘秀突然发现，自己居然成了全城人的公敌，慌忙离开驿所，派耿弇回上谷讨救兵，自己则带领人马不分昼夜往南奔驰，不敢进入城邑，只敢在路旁进餐。

逃到饶阳（距蓟城已一百八十公里），人马饥寒交迫，已经无力再奔驰。于是刘秀决定冒险一试，自称是邯郸使者（王郎派出的使节），堂而皇之叫开城门，住进驿所，吩咐驿所人员安排饮食。

这一群"使者"见了食物，像流浪汉一般争抢，完全不成体统。驿所人员起了疑心，暗中教人擂鼓数十通，然后高声通报："邯郸将军（王郎的军队）到!"所有人顿时大惊失色，刘秀也慌忙上车。正要驱车奔逃时，想到人在城内反正逃不出去，复又从容还座，传话："请邯郸将军入见。"这才证明是虚惊一场，得以在饶阳休息足够后离开。

一路上不断有传闻"王郎追兵快到了"，令队伍陷入恐慌。接近滹沱河时，探马回报："河上漂满浮冰，船不能行，无法渡过。"

刘秀派王霸前往查看状况。

王霸担心这个消息会使得逃亡队伍一哄而散，因此回报："浮冰已经合凌，冰面坚硬，车马可过。"从者听了都很高兴。

刘秀说："真是的，探马也不弄清楚情况。"于是人马继续往滹沱河前进。

到了河边，河冰还真"合凌"了。人马渡河，还剩最后数骑未渡过，合凌的冰层又裂开了——这是运气，还是天命？

渡过滹沱河，算是暂时安全了。刘秀得到南阳同乡信都太守任光的支持，联合和戎太守邳彤，在二郡招募精兵四千余人，又有刘植（数千人）、耿纯（二千余人）等来归，部众达到数万。这时刘秀结了一门政治婚姻，娶真定王刘杨的外甥女郭圣通为夫人，刘杨原本是王郎的支持者，就此倒戈支持刘秀，形势乃逐渐逆转，刘秀接连击败王郎军队。

上谷那边，耿弇说服耿况联合渔阳太守彭宠一同支持刘秀，二郡合出人马六千人南下，但重要的不是兵马人数，而是这一支队伍中，除了耿弇，还有寇恂、吴汉、盖延、王梁等后来列名云台二十八将的将领。生力军加入，刘秀如虎添翼，王郎终于不支请降。可是刘秀不答应王郎的投降条件（封万户侯），王郎部将私开邯郸城门，王郎逃出城，被王霸追上击杀。

刘秀检视王郎的档案，发现有己方人员与王郎私通的信件，数目达数千封之多。内容包括向王郎表态效忠，以及毁谤刘秀。换了其他人，只怕要一一核对，查明属实后，加以报复。可是刘秀完全不追究，他召集全体将领，公开烧毁这些书信，说："让那些担心事发，翻来覆去睡不着觉的人安心。"

击败王郎后，刘秀开始抚辑其他起义军。

在最大一股"铜马"兵败投降之后，刘秀封这些起义军的头目为侯，以收编其兵力。但是刘秀麾下诸将不信任这些"盗贼"，新被收编的集团也感受到未获信任而内心不安，气氛紧绷，随时可能爆发冲突。

刘秀察觉到这种情绪，乃下令投降部队各自回到军营，武装备战。自己则带领少数随从到各军营巡视，以示信任。

投降的众人相互传话："萧王将他的一颗赤心放到我们的肚腹内，怎能不教我们为他效死？"全都心悦诚服。于是，刘秀拥有了数十万军队。

铜马称刘秀为"萧王"，那是更始给刘秀的新封号，但同时令刘秀回长安，将兵权交给其他人。

刘秀当然不会接受这个安排，也就是说，刘秀事实上已经跟玄汉政权公开决裂。诸将于是开始劝刘秀称帝，刘秀一再拒绝，直到河南一带的玄汉势力全数肃清后，耿纯进言："天下英雄豪杰抛弃他们的亲人、土地，追随大王征战四方，为的就是能够攀龙鳞、附凤翼，成就一番事业。如今大王拖延时日，迟迟不称帝，我担心英雄豪杰将因期待落空，不愿再留下来打拼（主子不称帝，部下就不能裂土封侯）。人马一散，可就难以再聚集喽！"

于是刘秀称帝，国号当然称"汉"，史称东汉。

赞

推心置腹、攀龙附凤都是我们常用的成语，"令反侧子自安"更是脍炙人口的故事，而本章更看到刘秀收揽人心的手段多样化：

顶住诸将想要往南的压力，说耿弇是"北道主人"，那一把刘秀算是赌赢了：赌注是诸将的向心力，红利是上谷、渔阳的数万精锐边防军。在此之后，赌滹沱河上的浮冰会合凌也押中了，但那是纯赌运气，"北道主人"则是精算过的，还附带了耿弇的死心塌地。

随耿弇一道南下的上谷将领寇恂是另一个例子，刘秀任命寇恂为河内（郡治怀县在今河南武陟县）太守,并对他说:"从前高祖把关中交给萧何,而今我把河内交给你。盼望供应不绝,兵源不缺。"寇恂果然不负使命,在河内征集粮秣、制造武器供应前方,跟当年萧何对刘邦一样死心塌地。

看一下刘秀手下的大将出身:吴汉是马贩、冯异是县吏、王霸是狱吏、李通是商人、耿弇是官家子弟,还有南阳一同起义的自家宾客和绿林兵,复杂且多元,而刘秀必须用不一样的方法收他们的心。相对之下,当时其他称王、称帝的,在这方面差刘秀实不可以道里计。

而收服铜马更见刘秀"大度"的威力,当时河北民间甚至呼刘秀为"铜马帝",也就是说,铜马本质上是老百姓(不是逐鹿群雄),那一招不只收了起义军的心,也赢得起义军家乡百姓的向心。

【原典精华】

更始既至,居长乐宫,升前殿,……诸将后至者,更始问房掠得几何,左右侍官皆宫省久吏,各惊相视。

——《后汉书·刘玄列传》

【原典精华】

秀收郎文书,得吏民与郎交关谤毁者数千章。秀不省,会诸将军烧之,曰:"令反侧子自安!"

——《资治通鉴·汉纪三十一》

【原典精华】

萧王复与大战于蒲阳，悉破降之，封其渠帅为列侯。诸将未能信贼，降者亦不自安；王知其意，敕令降者各归营勒兵，自乘轻骑按行部陈。降者更相语曰：『萧王推赤心置人腹中，安得不投死乎！』由是皆服，悉以降人分配诸将，众遂数十万。

——《资治通鉴·汉纪三十一》

(四) 驱狼赶虎

借赤眉灭玄汉

即位称帝后,天无二日,民无二王,刘秀的"汉"已经跟玄汉不共戴天,可是毕竟有过君臣名分,要兴兵"犯上",心里总有点疙瘩。这时候,赤眉给了刘秀一个大好机会。

赤眉是莽末起义集团中最大的一股,但其首领樊崇并不是有野心想要争天下的角色,他在王莽死后,到洛阳向刘玄输诚,可是刘玄不是块料,令他失望而返。回去后却发现,赤眉人众包括家属老幼人数已经膨胀到五六十万,超过他能力所能掌握,于是他将部众分成两支,自己带领一支,徐宣、谢禄、杨音率领另一支。

赤眉军缺乏中心思想，没有共同目标，且成员基本上都是农民，对重复不停的战斗与刀头舐血的日子感到厌倦，军中弥漫严重的思乡病，将士日夜愁泣，想要回到东方齐地。樊崇与其他头领商议，认为一旦回到东方，军队肯定一哄而散，各自回家，那样大伙都将身陷险境，不如向西进攻长安。大军有了目标，反而心意一致，两路远征军分别穿过武关、陆浑关攻向长安。

刘秀研判形势，认为玄汉军队已无战力，赤眉必定攻破长安。于是决定两路作战：主力由他本人带领，继续扫荡北方燕赵地区；同时派出特遣军由邓禹率领，配合赤眉西进，然后借着赤眉破长安，顺势并吞关中。这一计叫驱狼赶虎，邓禹的进军路线，目标全在保护赤眉的侧翼——一旦赤眉灭了玄汉，刘秀就没有被批评为犯上或叛变的顾虑了。

赤眉两路远征军三十万人在弘农会师，先痛击玄汉讨难将军苏茂，接着歼灭玄汉丞相李松的三万余"讨逆军"。邓禹的军队则先击斩玄汉大将军樊参，又大破王匡、成丹与刘均的十余万大军，完全掌握河东地区，使得赤眉得以毫无顾虑地进攻长安。

长安岌岌可危，玄汉淮阳王张卬（下江兵）眼看大势已去，与原下江兵将领们商议："赤眉军随时都会兵临城下，灭亡就在眼前，与其一同陪葬，不如将长安大肆劫掠一番，逃回南阳家乡。如果仍然活不下去，了不起再入江湖当土匪吧!"于是一同入见更始皇帝刘玄。

刘玄满脸铁青,不答。诸将当场不敢再提。

张卬等诸将退下后,阴谋借立秋祭典劫持刘玄,但事迹不密,被刘玄得到消息,先下手为强。张卬等突围而出,再率众杀进宫中,宫廷禁卫军大败。刘玄逃出长安,对出身绿林的王匡(新市兵)、陈牧(平林兵)、成丹(下江兵)都不信任,将他们通通召来诛杀。

绿林军分裂,赤眉攻进长安,刘玄从厨城门逃走。远在河南的刘秀下诏封刘玄为"淮阳王",而赤眉拥立的"汉帝"刘盆子也下诏:"刘玄如果投降,封长沙王。超过二十天,就不再接受投降。"结果刘玄选择向赤眉投降,但之后仍被杀害。

赤眉拥立的汉帝刘盆子,又是什么来历?

赤眉入关前,有人向樊崇提出建议:"将军统领百万大军朝帝都进发,但却没有一个称号。不如拥戴一位刘姓皇族,诉求大义(人心思汉,姓刘的当皇帝就是大义),以此号令天下,谁敢不从?"

于是樊崇在百万大军中找到与刘章(刘邦的孙子,深得齐地人民信仰,为他立庙)血缘最亲的三人:刘茂、刘盆子、刘孝,让他们三个人抽签。刘盆子年纪最小,却抽中了。当时他十五岁,披头散发、光着双脚、衣不蔽体、流汗赭色(身上很脏),看见平常耀武扬威的将领们竟然向他叩拜,吓得几乎哭出来。

"天命"就这样落在一个牧童身上,他突然变成了皇帝。赤眉将领进了皇宫,却完全没规矩,甚至拿着刀剑在皇宫中冲来杀去,刘盆子害怕得日夜啼哭,一度请求退位。

赤眉将领一方面不同意皇帝退位,另一方面仍大肆劫掠,使得长安人心开始怀念玄汉政权。终于,长安城中粮食耗尽,赤眉军满载抢来的金银财宝,纵火焚烧宫殿、民宅,做最后一次彻底的洗劫,长安城顿成废墟,不见人踪,赤眉军则向西流窜。

等到赤眉作鸟兽散去以后,邓禹才将大军开进长安城,进谒高庙(刘邦),再将西汉十一位皇帝的牌位收齐,送往洛阳——以示东汉才是"天命"。

赤眉出了长安,先向西攻击陇右(今甘肃南部),被割据当地的隗嚣痛击,于是回头攻向长安,邓禹派兵迎击却败阵,赤眉再进长安。邓禹连番进攻长安却都不利,刘秀派冯异为征西大将军,替换邓禹。

邓禹认为这是奇耻大辱,自己引兵出击,却陷入赤眉埋伏,冯异只好出兵救援,但溃败之势挡不住,只能收拾残部坚壁自守。

一个多月后,冯异再与赤眉决战。这一次,冯异埋下伏兵,赤眉军阵脚溃乱,冯异给予重击,投降者男女共八万人。刘秀以玺书慰劳冯异指出:"将军虽然之前在回谿遭遇挫折,但是终于在渑池赢回来,称得上是'失之东隅,收之桑榆'。我将论功行赏,以奖励你的大功劳。"

赤眉的残余部队向东溃逃，刘秀算准赤眉的窜逃路线，亲率大军在宜阳（今河南洛阳市内）严阵以待。赤眉败众忽然面对大军，惊骇非常，不知该怎么办才好。最后公推刘恭为乞降代表，进见刘秀，说："刘盆子率领百万部众向陛下投降，陛下将如何待他？"

刘秀说："我保证不杀他。"

刘恭回去，与赤眉将领樊崇、逄安等商量了一天，再隔天，由刘盆子率领丞相百官三十余人，袒露臂膀向刘秀投降，将传国玉玺（刘玄得自王莽，赤眉得自刘玄）献给刘秀。

次日，刘秀在洛水畔大阅兵，命刘盆子君臣在旁观看。

刘秀对赤眉实质领袖樊崇说："你们后不后悔投降啊？如果后悔也没关系，我现在放你们回营，重新武装，整理队伍，双方鸣鼓再战，一决胜负，我绝不勉强你们投降。"赤眉闻言，拳拳服膺绝无二言。

下一个目标是齐王张步。

刘秀派耿弇率军东征，耿弇击斩驻守历下（今山东济南市）的齐国大将费邑，箭头接着指向临淄。当时张步的都城在剧县（今山东寿光市），他的弟弟张蓝率精兵二万人驻守西安（临淄城西方），齐王张步任命的诸郡太守，统各郡起义军万余人守临淄。耿弇以迅雷不及掩耳的攻势取下临淄，张蓝逃往剧县跟张步会合。

耿弇猛攻剧县，虽然得胜，自己却被流矢射中大腿。刘秀当时驻军鲁城（山东曲阜），接获战报，亲自领军前往临淄支援。耿弇闻讯，要求将领们全力进攻，自己裹伤上阵，从早上杀到黄昏，再度大破齐军，沟渠堑壕都填满了尸体。他更料中张步撤退路线，一路设下伏兵，追杀八九十里，沿途尸体连接不断，张步跟三个弟弟各自带领人马散走，最后分别投降。

数日后，刘秀抵达临淄，亲自劳军，并在群臣大会上表扬耿弇："（述说耿弇战功可比拟韩信）……将军从前在南阳时，就曾提出平齐的大战略，只因形势变化而未能实施，因此难免落落不得志。如今能够一展抱负，诚所谓有志者事竟成啊！"

赞

刘秀在这个阶段的处境很辛苦，基本地盘得自己带兵肃清（也发生了一些危机，枝节不赘），所以西征关中、东征齐国都只能派将领出征。可是在远征军战事将顺利告一段落时，他都亲临现场：赤眉是亲自受降，齐国若非耿弇带伤拼命攻城，可能也是由他"打赢最后一仗"——他敢于授权，但不让在远方立下大功的将领有机会"起异心"。

无论如何，传国玉玺到了刘秀手中，那是"天命"的象征，但却不是天命的保证。

天命的保证是什么？是英明的决策与领导统御。

对照刘秀如何对待王郎，跟如何对待刘盆子，可以看到刘秀如何分辨并对待野心家与被逼造反的农民。对照刘秀如何对待铜马与赤眉，我们几乎可以"感觉"到那两股势力的不同气质：前者是在地盗匪，成员单纯，示之以诚应该可以收服其心；赤眉是人数众多的流寇，刘秀不能只带少数随从巡视他们的军营，不可测的变量太多了。相同的是，刘秀需要这些会打仗的农民、土匪帮他打天下，所以刘秀展现了之前未有的江湖豪气："不服气，咱们再打一场？"

有意思的是，他怎么决定如何对待不同的投降对手？那不是书上学得到的（不饶王郎，但不杀刘盆子、张步），他也不像刘邦有张良会对他讲黄石公兵法，邓禹、冯异、耿弇乃至下一章的吴汉、盖延都是武将，而非张良、陈平、郦食其那类角色。刘秀更有能力"遥控"远征军，不让耿弇发生"韩信自请为假齐王"那种尴尬场面。如果刘邦是"天授"，那刘秀呢？

⑤ 一统天下

既得陇,复望蜀

前章述及刘秀得到传国玉玺,在那之后不久,刘秀又得到一颗"玉玺"。

刘秀手下一员将领张丰盘踞涿郡(今河北涿州市)叛变,自称"无上大将军"。他素好方术,一位方士跟他说"将军命中注定要当皇帝",并且用五色丝袋包裹一块石头,绑在张丰手腕上,声称"石头里有一方玉玺"。

张丰对此深信不疑。

刘秀派出四路军队讨伐,率先抵达的一路轻易生擒张丰。

当要被绑赴刑场斩首时,张丰仍然口口声声坚持:"我有天命加持,王者不死,你们杀不了我的。"

兵士们扯下包着"玉玺"的丝袋,拿出石头,用铁锤砸碎,里面什么也没有。张丰这才醒悟,仰天长叹:"我该死,死而无憾!"

赞

怎么可能无憾?被骗了那么久,更落到这步田地。张丰那句"死而无憾",其实是梦想破灭,哀莫大于心死之言。这个大时代里的小插曲,再次印证"天命不在玉玺"。

东方大势底定,刘秀再把目光转向西方。

在此之前,他跟据守陇右的隗嚣保持书信畅通。王莽末年,陇右豪族隗氏兴兵起义,赶走地方官吏,拥护族中声望最高的隗嚣为首领,称号是"大将军"。隗嚣一度向玄汉政权输诚,后来又跟刘秀交好,基本上以维护陇右地盘为主。陇右的中心在凉州,大致上包括今天甘肃南部兰州、天水一带,历史上与关中地区关系紧密。

隗嚣当时夹在两位皇帝中间,南边是成都的公孙述,据有益州；东边是洛阳的刘秀，已经掌控关中、河南河北、齐地。他派出首席高参马援先去成都"观察"。

马援跟公孙述小时候是邻居，听说马援来了，公孙述大阵仗欢迎，要封马援为侯，还要拜他为大将军。马援随行的宾客都暗中高兴，但马援对他们说："天下未定，公孙述不但不礼贤下士，还摆出皇帝的架子，如同一个巨大人偶，这种人何足倚靠？"他回到凉州，对隗嚣说："公孙述是个井底蛙，不如专心事奉东方（刘秀）。"于是，隗嚣再派马援"往观"刘秀。

刘秀完全不摆架子，在洛阳宣德殿南边的走廊下接见马援，头上包了帻巾（儒士装束，不戴皇冠），坐在席上等候，笑着说："阁下遨游二帝之间，今日相见，令人惭愧。"

马援回应："当今之世，非但君主选择臣子，臣子也选择君主。之前我去成都，公孙述戒备森严，如今我来见陛下，陛下怎知我不是刺客（而无防备）呢？"

刘秀说："你不是刺客，最多不过是说客吧！"

砚

刘秀惭愧什么？其实那是以退为进的客套话。他得知马援已去过成都，而且公孙述肯封马援为侯，但是刘秀不能答应这个——马援是隗嚣的部属，封马援为侯,隗嚣当然得封王,可是刘秀谨记刘邦的教训,绝对不封异姓为王。所以他一方面刻意做出与公孙述截然相反的风格接待马援,一方面在口头上不能不为礼数上的"寒酸"客气一下。

平心而论,马援称得上是莽末逐鹿大赛中的超级英雄人物之一,只是没有称王、称帝的机运(天命)而已。这一场会面,堪称当世两大高手过招。

马援见刘秀更有一个特别意义,"乱世不唯君择臣,臣亦择君"点出了刘秀最终得天命的关键:人才归心。事实上,"云台二十八将"中有九人曾经在刘秀的敌人阵营,而刘秀每一次都能展现不同的人格特质令他们服气。

马援回到凉州,隗嚣问:"东方(刘秀)怎么样?"

马援说:"刘秀度量宽宏,是个人物。"

隗嚣问:"你如此推崇他,那他跟高祖(刘邦)相比如何?"

马援说:"高祖'无可无不可',刘秀勤于政事,行为有节度,不喜欢饮酒。"

隗嚣心里吃味,说:"那岂不是还胜过高祖?"

虽然隗嚣因此在公孙述与刘秀之间,暂时选择倾向刘秀,但他内心其实不服,所以当刘秀把矛头转向西边,他就转与公孙述结盟，抵抗刘秀。而他的两位高参乃因此离开：班彪（《汉书》作者）投向窦融，马援投向刘秀。窦融的地盘在河西四郡，立场倾向刘秀。

隗嚣接受公孙述的册封，刘秀于是在平抚齐地后，派出二员大将来歙、吴汉进兵陇右。西征军大有斩获，刘秀估计隗嚣已师老兵疲，乃亲率大军前往关中，河西的窦融也率军前来会合。隗嚣手下陆续有大将十三人、属县十六个、部队十余万倒戈。但就在胜利即将到手之际，后方却发生巨变：颍川盗贼聚众造反，河东军队叛变，二地距洛阳各只有百余千米，首都洛阳受到严重威胁。

刘秀接到报告，连夜东返，来不及当面交代，只能以书信训示诸将："如果攻下两城（隗嚣只剩下上邽与西城），就乘势南向进攻公孙述。人，总是不能以现状为满足，既然平定陇地，自然会望向蜀地。每次决定要出兵，发须都为之发白！"

觊

后方情况不明，如果洛阳陷入危急，陇右大军将领一个比一个善战，反应难测。刘秀这次不能亲自接受隗嚣投降，只好下令将领们南征，让大军继续忙碌。然而军队都是中原人，刚打完一场大战，又要他们继续远征，只能放低姿态好话说尽。

　　隗嚣在一连串败战之后，一病不起，将领们拥立他的小儿子隗纯，继续抵抗，但终究难挽颓势，最终将领们"献出"隗纯，陇右平定后，汉军乘胜南下征蜀。

　　公孙述割据蜀地，其实是因缘际会全靠运气，赤眉灭了玄汉后，公孙述顺势称帝。他虽然没有统一天下的本事，但既然称帝了，就百般想出点子，"证明"他的确有皇帝命。

　　首先，他在手掌上刻文"公孙帝"。然而，人的掌纹是无法改变的。可以用刀割、用火烙，但只会留下伤痕，或许毁掉了原本的纹路，却不能创造新的纹路。因此，历史上并无记载公孙述向他人出示掌纹上的"天命"，显然这一招未能收效。之后他对外宣称，他就是"当涂高"。这是有来历的，西汉时期流行各种符命、图谶，其中《春秋谶》上有一句"代汉者，当涂高也"，于是人们言之凿凿，将来取代汉朝的真命天子，就是"当涂高"。

　　公孙述甚至写信给刘秀，自陈他上应符命。

　　刘秀回信，说："图谶上面说取代汉朝的人，姓当涂名高，阁下难道是当涂高的化身？阁下还将你的诡异掌纹当作祥瑞，这些都是王莽搞过的把戏，又怎能仿效呢？阁下年岁已大，妻儿却还小，应该早点为他们打算啊！天子之位是上天应许，不可强求的，请阁下三思而行。"

面对东汉大军压境，公孙述的军队无法抵抗，只能买刺客行凶，接连暗杀了东汉两员大将来歙与岑彭。但那也只能稍挡一时，最终吴汉攻进成都，下令屠杀公孙述家族，长幼不留。更纵兵掳掠成都，焚毁宫殿。

刘秀闻报大怒，痛责吴汉。但无论如何，刘秀的统一大业算是完成了。

赞

到这里，我们看到一个与时俱进的刘秀，他总是在关键时刻让人耳目一新：

南阳起义时，我们看到一个不一样的刘秀，之前安分守己，读书、务农、卖谷子；起义时却率先穿上戎装。

昆阳之战时我们又看到一个不一样的刘秀，遇大敌毫无惧色，能说服昆阳城内将领坚守，又能率十三骑突围求援，更能说服周边城邑绿林将领往援昆阳，最后还亲自率领敢死队打第一仗、立第一功。

刘縯被杀，我们看到一个立大功而无骄色，老哥被杀却能坚此百忍、不露声色的刘秀，终于争取到刘玄的放心，才有机会到河北去打天下。

河北时代又是一个不一样的刘秀，敢赌、敢搏

（命邯郸将军来见、渡过滹沱河、轻骑巡视铜马阵营等），而且胸襟开阔令人折服（令反侧子自安）。

称帝以后又看到一个不一样的刘秀，排定四方征剿的优先级，用适合的将领讨伐不同的对手，遥控他们的战术，并且掌握时机亲临战场受降。

平定隗嚣、公孙述，是一统天下的最后一块拼图，他用直白的口吻对诸将说："人苦不知足，既得陇，复望蜀。"亲切有如家人。

下一章，又要看到一个不一样的刘秀，他建立了东汉的治国之道，他的儿子、孙子（明章之治）都遵循他定的制度规矩，东汉连续三位好皇帝，奠定了近两百年的"天命"。

【原典精华】

帝自上邽晨夜东驰,赐岑彭等书曰:"两城若下,便可将兵南击蜀虏。人苦不知足,既平陇,复望蜀。每一发兵,头须为白!"

——《资治通鉴·汉纪三十四》

(六) 光武中兴

因袭西汉,以柔道治天下

平蜀后,天下大定,只残余一些小股变民,这时候该做的,不是征剿,而是与民生息。于是刘秀不再言战,"退功臣而进文吏","斯亦止戈之武焉"(出自《后汉书》),他进用文士的代表人物是侯霸。

侯霸在西汉成帝时就已经入官,王莽时出任淮平大尹(太守),能在乱世保境安民,深受淮平郡(郡治在今江苏泗洪县)人民爱戴。玄汉政权征召他到长安,淮平百姓扶老携幼拦车痛哭,请求让侯霸多待一年,使者顾虑众意难违,不敢宣读诏书，将情况回报长安，恰逢赤眉打进关中，道路阻绝，奏章没能送出去。

刘秀闻侯霸之名，召他到洛阳面见，侯霸去了（淮平百姓这次没阻拦，是认同刘秀？），受命为尚书令。侯霸对刘秀最大的贡献，就是他通晓西汉的典章制度，并且收录散失的官文书，将西汉时的善政法度恢复实施。

简单说，当时人民逢大乱之后，最渴望的就是安居乐业，所以会有"黄牛白腹，五铢当复"的歌谣，刘秀部队"复见汉官威仪"能令老吏为之涕下——认为是王者之师。而侯霸这种熟知"前朝故事"的人才，正是当时所需要，却也因此让刘秀得到一个"因袭前代过甚，开拓不足"的评语。但那是苛求刘秀了——当时天下人心思汉，而刘秀事实上受益于人心思汉，他又怎能以改革者或开拓者姿态出现？

正因为一切都尽量恢复前朝故事，刘秀建立的王朝被称为后汉或东汉（因为定都洛阳），且两汉被史学家定位为同一个帝国，刘秀的成功于是被称为"光武中兴"，中兴的意思是汉朝亡了又兴。

东汉能够承袭西汉而建立"天命"，刘秀的性格其实有决定性的影响：他凡事不勉强而行，温和待人，施政以恢复民生为第一要务，法令力求清简。这对当时农村破败、生产力剧降、文官体制亟待重建的情况来说，刚好符合需要。光武帝时，田赋恢复到西汉文帝时的三十税一（西汉后期及王莽时为十分之一），各地方政府的文书调役较王莽时仅十分之一，全国裁并掉四百多个县，大批闲置官吏被遣散，同时在各地设立粮仓，累积粮食，民众对政府的信心一下子提升到最高点。

有一次，光武帝回到家乡章陵（原名舂陵），家族中一些女性长辈酒酣时说："文叔（刘秀字）少年时谨慎小心，不大跟人家交朋友，个性柔弱，没想到会有今天。"刘秀大笑，说："吾理天下，亦欲以柔道行之。"就是这种"柔道"，塑造了东汉王朝的性格——东汉有"明章之治"，与西汉"文景之治"相提并论，但没有汉武帝那样的雄霸之主。

然而，柔道并不是一味柔弱，东汉几乎没有边患，却有窦宪勒石燕然山、班超扬威西域等开疆拓土事迹，原因就在于匈奴分裂。事实上，匈奴被汉武帝几次北伐之后，国力大衰，到汉宣帝时分裂为南北匈奴，南匈奴内附（王昭君和亲）成为第一道防线，北匈奴最多只有攻打南匈奴或西域藩属国。王莽时搞坏了跟南匈奴的关系，但是在东汉时代，北匈奴几乎不曾侵入国境。这是东汉的运气，还是……"天命"？

东汉致力于承袭前朝的"恶果"则是，西汉的土地兼并、财富集中于豪强现象，到东汉依然存在，东汉后期甚至变本加厉。

赞

光武中兴对后世中国最坏的影响,应该是"人心思汉因此成立"。

在此之前,当刘玄失败时,曾经流传"一姓不再兴"的说法,隗嚣还曾企图以之说服窦融与他站到同一阵线,可是隗嚣帐下的文士、参谋后来都弃他而去(马援投向刘秀,班彪投向窦融),那其实是因为刘秀比隗嚣高明、优秀太多。但是刘秀个人的成功,却造成后世中国之害:多少恶贯满盈应该被颠覆的王朝,却因执着于"不弃前朝"或"天命未绝"的观念而苟延残喘,甚至因此造成新的(通常比较有朝气)王朝的动乱,如清朝初年的"反清复明"思想。

这一点,看《资治通鉴》东汉光武帝建武二十九年(公元53年),只有一条记载:春,二月,丁巳朔(朔在此处指月底),日有食之。这是什么意思?意思是全年只有一次日食值得记载——试想那一年的老百姓生活多么安定!然后对比清康熙三藩之乱那些年代的记载(清朝无编年史,《清史纪事本末》光是记载三藩之乱部分,就有一年超过五千字),就能明白了。

卷三

宦官后人终不得天命

三国魏武帝曹操

——"若天命在吾,吾为周文王矣!"

曹操的武帝称号是儿子曹丕接受汉献帝禅让("篡位"的漂亮包装)后追赠,事实上曹操终其一生没有称帝。而曹丕虽然篡汉立魏,可是也没有被历史接受为正统,因为魏国没能完成天下一统。直到司马炎篡魏立晋(也是用"禅让"包装),才完成了天下一统,且由于西晋东晋合起来绵祚155年,人们才认同"晋朝有天命"。

然而,从东汉末年军阀割据到晋武帝统一全国,整个基础是曹操奠定的。曹丕、司马懿、司马炎等都称不上创业君王,而曹操的能力与作为绝不亚于任何一位开国帝王,他最终不得天命的原因与斗争过程更值得觇探,并成为本书其他主人翁的"对照组"。

先看曹操的时代背景。

东汉王朝承袭西汉制度,开创性不足是它的先天缺陷,因此在开国三位明君之后,就陷入了外戚与宦官干政的劣质施政状态。事实上,东汉中期以后,政治上形成三大势力:

外戚、宦官、士人。

起初是小皇帝由母后临朝听政,太后引进娘家兄弟以对抗外朝官僚系统(士人)。等到小皇帝长大了,不甘接受舅舅弄权,只能跟宦官联合消灭外戚,于是外戚与宦官集团进行了长时期的权力斗争,而宦官集团赢得胜利几乎是注定的:因为皇帝一旦换人,太后就跟着换,外戚则随太后而换姓,甚至新上来的还要排除之前掌权的外戚;但宦官永远在内宫,他们的利益不随皇帝换人而变,所以能始终团结。以一贯团结的利益团体对付更迭、矛盾、分裂的外戚,怎么可能不赢?

东汉虽然因为外戚与宦官干政,造成中央劣质施政,却并未立即垮台,是因为地方官都很优秀。这是西汉察举制度的优良影响,士人先到朝廷任郎官,表现好就外放当县令,再入朝担任京官,再外放当郡太守、刺史、州牧。于是士人形成了一股力量,并为外戚与宦官所拉拢,更由于"读圣贤书,所学何事"的使命感,士人往往站在当权者的对立一方,自然成为被迫害的对象。

东汉后期发生两次"党锢之祸",士人集团被打成"朋党",代表性人物则是三组"李杜":李固/杜乔(反外戚)、李膺/杜密(反宦官)、李云/杜众(反宦官)。士人集团后来甚至成为反对宦官的主力,而宦官对朋党的镇压则血腥且惨烈,双方不共戴天。

宦官集团当时有所谓十常侍(其实不止十人),也就是汉灵帝最亲信且言听计从的大宦官，灵帝甚至说出："张常侍（张让）是我父，赵常侍（赵忠）是我母。"十常侍之一的曹腾，侍奉过东汉最后五位皇帝，史书记载"在省闼（禁中）三十余年""未尝有过""好进达贤能，终无所毁伤"，称得上是一个"好宦官"。他收了一个义子曹嵩，曹嵩因为曹腾的关系，花了一亿钱买官，当上三公之一的太尉。

曹操就是曹嵩的儿子。曹嵩在成为曹腾义子之前已经官居司隶校尉，汉灵帝时的司隶校尉等同京城洛阳的警备司令和民政长官，权力很大，成为曹腾义子之后更加飞黄腾达。

也就是说，曹操是洛阳京城里的官二代，他爸爸是太尉，位列三公，所以没人敢欺负他。可是他的干爷爷是十常侍之一，而其他官二代多半是士族子弟，士人集团跟宦官不共戴天，所以曹操在官二代中是被歧视的。虽然表面上没有人会排挤曹操，可是多数人心里面都排斥他，而曹操自己也以这个身世为耻，甚至他一辈子都在跟"宦官后人"的身世斗争。

觇

曹嵩如果没有让曹腾收为义子，是否一辈子做不到三公，是一个疑问。然而，曹操将不会一辈子受"宦官后人"阴影压抑。

曹操后来当了丞相，还自述说"身世微贱"，显然他非常痛恨自己的身世。

拿跟他同时期的袁绍、刘表、刘焉来比较,就知道个中"立足点不平等"了:袁绍毕竟还算是能力强的,刘表、刘焉能力远不如曹操,可是他们都很轻松地在当时环境下成为州牧或刺史,而曹操却必须奋战以取得地盘,根本原因就在于各州郡守县令都是士人,很愿意接受袁绍、刘表、刘焉这种高门世家的领导,但是绝不甘愿接受宦官后代的领导,除非形势所迫。

总之,曹操在奋斗过程中,花了最大力量在对抗世家大族,从他的"求贤三诏令"可见端倪。

第一次说:"今天下得无有被褐怀玉而钓于渭滨者(指姜太公)乎?又得无盗嫂受金而未遇无知者(指陈平)乎?"

第二次说:"陈平岂笃行,苏秦岂守信邪?而陈平定汉业,苏秦济弱燕。由此言之,士有偏短,庸可废乎!"

第三次说:"昔伊挚、傅说出于贱人(伊尹相传是奴隶母亲在林中捡到的弃婴,傅说是版筑奴隶工人),……韩信(曾受胯下之辱)、陈平负污辱之名,有见笑之耻,卒能成就王业,……今天下得无有至德之人放在民间,……负污辱之名,见笑之行;或不仁不孝而有治国用兵之术。"

三次都提到陈平,陈平一直是曹操招徕有才无德之士的广告人物；又提到姜太公、伊尹、傅说等出身低微人士，以及苏秦等布衣而为卿相的代表性人物，显示他重用寒门士人，以之平衡高门士人的努力。这也印证他的"四如"（求才如渴，惜才如命，挥金如土，杀人如麻）作风中，有两项跟争取人才有关，而另外"二如"则显示他为了争取成功必须不择手段。

总的说来，东汉末年是一个群雄割据、干戈纷呈的乱世，曹操能够击败北方所有逐鹿群雄，在超过两百年的战乱时代（从东汉末年诸侯割据到三国，西晋八王之乱到十六国，直到北魏统一北方）中间，成就一个建安盛世，事实上是一项了不起的成就。而他本人更集政治家、军事家、文学家于一身，还精通书法、音乐、围棋、方药，称得上是一位全才。

如此精彩的一个人，会被小说家（比如《三国演义》）描绘成一个古今奸臣的代表人物，跟他的宦官后人出身绝对脱不了关系，因为儒家知识分子掌握了修史权，而宦官集团在每一个朝代都是士人集团的死敌。

曹操不能建立"天命"，也有运气作弄：他的对手太优秀。孙权和刘备都很会用人，那个时代又出了很多人才，足供三个王国运用，还加上孙权与刘备能够放下唯我独尊身段（至少在初期），采纳"联合抗曹"的战略建议，才形成了三国鼎立。相较于后来十六国时期的苻坚，或五代十国的朱温、石敬瑭等，根本"没有对手"，就明白曹操的运气有多不好。

再拿后来篡魏的晋武帝司马炎比较就更明显：司马炎的

对手烂到不行——刘禅（阿斗）之低能，史上数一数二；孙皓之残暴，也是数一数二。因此，司马炎能够灭蜀、灭吴。而西晋事实上是最烂的朝代之一，只维持了五十一年，全靠东晋在南方撑了一百年，而汉人儒家学者掌握了撰史权，以南方为正朔，历史才认可了晋朝的"天命"。

△关东将领割地自雄（公元190年前后）

㈠ 千古定论

治世之能臣，乱世之奸雄

曹操二十岁"举孝廉，为郎"，一个有才学的官二代受到郡县推举去朝廷当见习官很正常，到了洛阳就被任命为洛阳北部尉，相当于首都的北区警察局长，管半个洛阳城的治安。上任后，曹操在衙门口陈放数十根五色大棒，宣布"任何人犯禁，不论背景多硬，一律棒杀之"。偏就有一个背景很硬的人，十常侍之一蹇硕的叔父，犯了持刀夜行的禁令，曹操毫不留情地将他棒杀！

赞

二十岁的曹操已经很懂宣传，五色大棒能吸引人注意，棒杀权贵亲戚更能建立威信。他的方法其实就是商鞅"徙木赏金"模式，只是商鞅用赏，曹操用刑，但作用一样：立信以树威。而对象刚好是当权宦官的亲戚，则有助于曹操脱卸他"宦官子弟"的不良形象。当然，有个十常侍的"祖父"，又能让他免于被宦官帮追杀。

然后他外放当顿丘（今河南清丰县）县令，因事被牵连而免官，很快又回到洛阳担任议郎。议郎是顾问职散官，可是曹操没闲着，曾上书切谏"三公所举奏专回避贵戚之意"，严词批评朝廷内官官相护的风气，可是当时东汉政府已经没有回应任何改革意见的能力，曹操也就不再上书。

曹操虽然受到士族的排斥，但是有两个人很欣赏他，一个是桥玄（不是《三国演义》中二乔的父亲那个乔玄），他在汉灵帝时，司空、司徒、太尉三公都当过了；另一个是何颙，他受过宦官迫害，在士人社群当中声望很高。

桥玄非常器重曹操，曾经对曹操说："天下将乱，必须要有安邦定国才能的人出来救世，那个人莫非就是你了！"他更帮曹操想了一个办法，以争取士族的认同——让许劭"品"

一下曹操。

许劭何许人也？他是当时的"品人"专家，跟堂哥许靖两人，每个月初一发表对时人的品评，称为"月旦评"，得到他的好评，立即身价百倍。桥玄认为，曹操若得到了许劭的品评，就能跻身士人社会。但问题来了，许劭不齿曹操是宦官后人，不愿见曹操。

许劭家族中有一支，从祖许敬、堂伯许训、堂兄许相三代都位列三公，可是许劭从来不去应酬，这样一个人，不愿接见曹操可以理解。于是桥玄写了一封介绍信，让曹操带着去拜访许劭。许劭碍于桥玄的面子，只好出来跟曹操见面，可是却坐着不说话，摆明了仍然不愿意品评曹操。

曹操急了，拔出剑来威胁许劭，许劭被逼之下，说出："你这个人是'治世之能臣，乱世之奸雄'。"曹操闻言大笑而去。

觇

曹操当时的心情从"闻言大笑"可窥一二。

许劭作为当时士人社群中的标杆人物，身为官二代而能不求官，以此博得士人认同他品评人物的公允性，他又跟被宦官迫害而死的陈蕃、李膺曾经是好朋友，属于那种死硬派的自命清高人物。当他静坐不肯发一语，曹操能怎样？

曹操拔剑相胁迫，不啻铤而走险，如果许劭和李膺、范滂等跟宦官斗争时慷慨赴义的"先烈"一样不怕死，曹操难道真的杀他？如果是那个结果，曹操不就坐实自己是宦官一党，永远别想翻身了？

所以，许劭一开口，曹操先就放心一半——没有要不要真动式的问题了；等到许劭说出"治世之能臣，乱世之奸雄"，另外一半担心也放下了，因为评语不是全然否定，甚至是肯定他的能力称得上"雄"。他的大笑，包含了紧绷情绪的解脱和因为高评价而生的得意，或许还有"许劭还是怕死"的轻蔑——那种轻蔑也表现在后来他对待士人的态度中。

而对曹操的这两句评语，令人不得不钦佩许劭的品人功力：直到今天，将近两千年，还没有人对曹操的评语能超过这两句，它能概括曹操的复杂性格、多变作风，以及超绝能力，而且还是在性命交关之下"逼"出来的。

桥玄说"天下将乱"，许劭说曹操是"乱世奸雄"，而天下果然就乱了——黄巾之乱爆发。曹操得到他生平第一个重要任务，朝廷任命他为骑都尉（羽林军将领职衔，跟郡太守等秩），参加讨伐黄巾的行动，并且在战争中救了主帅皇甫嵩，官军因此反败为胜，这个功劳让朝廷派他为济北相（东汉承袭西汉制度郡国并行，济北国的相等同郡太守）。

曹操治理济北国展现了他治世能臣的一面，辖下十余个县的县令被他奏免了八位，因为他们"阿附贵戚，赃污狼藉"，于是郡界肃然。如此政绩使得他获得升迁，调任东郡（郡治在今河南濮阳市）太守，可是，曹操却没去上任，反而"称疾归乡里"！

发生了什么事？原来，他的父亲曹嵩当时以一亿钱买了太尉的官。东汉桓帝、灵帝卖官是公开的，甚至还有公定价格，但三公的官位只有透过十常侍才买得到，曹嵩因为是曹腾的养子而能买到。无论如何，这在士人社群中肯定骂声一片，曹操不愿在这个节骨眼上就任新职，宁愿回家乡避风头。

治世能臣的路暂时阻绝，而天下却进一步大乱。

以冀州（州治在今河北临漳县）刺史王芬为首的集团阴谋劫持汉灵帝，另立新皇帝（以为这样就能尽除十常侍），联络曹操参加，曹操拒绝，还教训了他们一顿。结果事机败露，王芬自杀。

灵帝驾崩，太子刘辩即位，小皇帝才十四岁，母亲何太后临朝，袁绍鼓动外戚大将军何进尽杀宦官，何进没胆量，乃征召西凉军阀董卓来洛阳。曹操当时再度接受征召到洛阳，跟袁绍同为八都尉之一，他在参加会议时讥笑袁绍等："要诛杀宦官，何必招外地军队来京，这种做法必败。"结果董卓还没到，何进就被宦官杀了。

袁绍等为何进报仇，杀进宫中，尽诛宦官，可是董卓大军到来，废刘辩，另立刘协（汉献帝），独揽大权。袁绍公开反抗董卓，逃出洛阳，四处号召各路诸侯讨伐董卓。董卓想要拉拢曹操，擢升曹操为骁骑校尉，曹操却变更服装、改名换姓潜出洛阳，逃回家乡。

以上简单描述东汉朝廷最后分崩离析的几个场景，曹操一拒王芬，二拒袁绍，三拒董卓，都是看清楚他们不可能成事。于是，乱世奸雄的性格开始主导往后的发展。

奔回家乡途中，曹操在老朋友吕伯奢家中演出了一场"灭门凶杀案"，流传下来千古名言："宁教我负天下人，休教天下人负我。"这个故事大家耳熟能详，历史上却有很多不同版本的记载，但由于《三国演义》深植人心，曹操于是被定型为"多疑且心狠手辣"。但无论如何，杀了老友全家是事实，以此亦可见曹操临事决断的快速，这种特质让他可能因判断错误而遭遇挫折，却不可能因为决策迟疑而误事。

董卓专权且残暴，引致各地方官（州牧、刺史、太守）联合起兵讨伐，一时间，士人摇身一变成了军阀。曹操没有地盘，却不能坐失此一机会，他散尽家财，招募义军参与讨伐董卓行动。

董卓见形势不妙，先将汉献帝送往长安，自己留守洛阳，焚烧宫殿，发掘皇家陵墓，更诛杀民间富豪，没收他们的财产。十几万诸侯军当时聚集在酸枣（今河南延津县），日日置酒高会，就是没人敢出战。曹操带领自己的人马挺进成皋，遭遇董卓将领徐荣，被杀得大败，本人中流矢，坐骑受创，幸亏曹洪将马匹让给他骑，才借夜色掩护遁走。

曹操回到酸枣，痛责各路诸侯，提出自己的制胜战略。可是诸侯都是士族，本来就看不起他，曹操只好到扬州募兵，再回前线。可是，这时诸侯军发生内讧，相互攻击，虽然董卓往西撤退回关中，但诸侯却无心追击，联军解散，各自回到自己的地盘。东汉帝国于是进入群雄割据状态，军阀间开始相互攻伐抢地盘。

觇

酸枣联军散伙之前，袁绍曾经问曹操："如果大事不成，哪里可以依据？"曹操不正面回答："阁下认为呢？"袁绍说："我南边据守黄河，北边据守燕代（河北北部），南向以争天下，应该可以成事。"曹操说："我任用天下（英雄）之智力，只要我领导有方，哪里都可以去。"

这段对话正凸显了两人的优势与劣势：袁绍家族四世都担任三公，门生故吏遍天下，他有条件可以得到地方官支持取得地盘；而曹操能够放下身段，赢得天下寒士的归心，但是得凭实力打下地盘。

曹操的地盘都得自地方官守不住：黄巾余众攻打东郡，太守王肱无法抵御，曹操带兵前往，击破贼众，于是袁绍虚送人情，上表推荐曹操为东郡太守。事实上，傀儡皇帝汉献帝在长安根本不可能任命山东地方官，而曹操实质上据有东郡——当初没去上任的位置。接着是兖州（郡治在今山东金乡县），百万黄巾余众攻打兖州，刺史刘岱阵亡，济北相鲍信到东郡请曹操代理兖州牧，曹操领东郡军队前往兖州协防，然后大破黄巾，受降三十余万青壮且惯战的军队，这支黄巾最初起自青州（州治在今山东青州市），因此称为青州兵。

自此，曹操有了逐鹿天下的本钱（青州兵）和地盘（兖州）。

(二) 睥睨群雄

挟天子以令诸侯

乱世逐鹿最重要的条件是军队,军队要粮饷,所以需要有地盘征税征粮。曹操有地盘有军队,他的"乱世奸雄"特质自然驱使他争胜天下。

最先向他提出大战略的是毛玠。

毛玠年轻时担任县吏,以为官清正著称,董卓之乱时他前往荆州避祸,途中听说荆州刺史刘表政令不严明,立刻转向前往鲁阳(郡治在今河南鲁山县),曹操据有兖州,延揽毛玠担任治中从事(第二号幕僚长)。毛玠提出建议:"当今天下分崩离析，皇帝流离播迁，人民百业全废，政府没有一年存粮，人民没有安居之志。只有仁义之师才能取胜，只有财源丰富才能聚人。我们应该尊奉天子并讨伐不听话的诸侯（奉天子以讨不臣），同时奖励农耕以积存粮草。如此则霸业可成。"

曹操立即派出使节，到长安向汉献帝宣示效忠。当时董卓已经被吕布发动兵变击杀，控制关中的军阀李傕、郭汜趁此机会拉拢曹操，并以厚礼回报，于是曹操的兖州刺史得到汉献帝降诏背书。

砚

毛玠在逃难途中转向，显示他不是只想要避祸而已，事实上他对曹操的评价高于对刘表，才会接受曹操的延揽——上一篇马援的乱世哲学"不唯君择臣，臣亦择君"，在东汉末年的乱世又出现了。

曹操一方面需才孔亟，一方面致力于笼络士人，毛玠这种士人社群中的名士，当然有助于他冲淡"宦官后人"形象。也因为他脑袋清楚，一听就知道那是一流的政治号召（如刘邦听到"为义帝发丧"），当即采纳。

在此之前，关东（函谷关以东）诸侯曾想要拥立另一位刘姓皇族刘虞,来跟关中的汉献帝刘协相抗,李傕、郭汜正好借此机会笼络曹操,双方一拍即合。

这就是后来曹操"挟天子以令诸侯"的由来,这一战略让曹操掌握了汉献帝,而能稳居正统地位,堪称三国第一战略。其次才是诸葛亮"隆中对"。

毛玠这个战略建议中的另一个重点,奖励农耕以厚积粮草,则受到后人的忽视。事实上,曹操在兖州推动屯田政策成功,正是后来汉献帝会同意到许县的重要影响因素。可以说,曹操建立绝世功业的第一功臣当推毛玠。

然而,曹操开始东征西讨的第一场战争,却是为了报父仇。

曹操命泰山太守应劭去琅邪(今山东临沂市)接父亲曹嵩到兖州就养。曹嵩当年用一亿钱买到太尉官位,任上当然要努力"捞本"。这一次搬场,单单载运金银绸缎珍宝的车子就有一百余辆。如此招摇的车队,在经过阴平时,被徐州牧陶谦的部下盯上,他们一路追踪,选好了地点发动突袭,杀了曹嵩和幼子曹德。

曹操悲愤莫名,亲自领兵攻向徐州,连下十余城。曹操杀红了眼,将无辜的百姓,不分男女老幼,数十万人都驱赶到泗水,全部坑杀,泗水为之不流。陶谦的部队退守郯县

（今山东郯城县北），由于曹军残暴，军民一心，死守县城，曹操久攻不下，只好暂且撤退。回军途中，又屠三城，鸡犬不留，沿途城邑看不到一个行人。

曹操不肯放过陶谦，第二次攻打徐州时，后方却发生突变：两位"至友"陈宫与张邈背叛曹操，引进吕布。由于猝不及防，兖州各县城纷纷陷落，只剩鄄城、范县、东阿三城。曹操从徐州回军救援，部署反攻，初期不利，甚至差点丧命。这时候，袁绍派人来劝曹操将家小迁往邺城（冀州州治），曹操有些心动。程昱力劝："将军自认能居袁绍之下吗？以将军的能力，难道要重蹈韩信、彭越的覆辙吗？如今兖州还有三城，战士不下万人，仍大有可为。"曹操这才打消念头，逐步反攻，终于将吕布逐出兖州。

那一时期，各路诸侯征战不断，关中军阀也发生内战，却给了曹操一个大好机会——汉献帝逃出关中，到达了洛阳。洛阳之前被董卓放了一把火，皇宫与朝廷办公区一片焦土，皇帝住进仅存的南宫，文武官员只能靠着断垣残壁居住，中下级官员还得到野外采摘野菜果腹，情况狼狈。

袁绍的谋臣沮授向他提出"挟天子而令诸侯"的建议，可是袁绍没采纳，而曹操始终铭记毛玠的建议，派人去洛阳迎接汉献帝。由于曹操的大本营许县（今河南许昌市）粮食丰足，汉献帝同意前往许县，于是许县改称"许都"，曹操则得到任命成为"大将军"，可以透过皇帝诏书调动诸侯军队。后来他将大将军头衔让给袁绍，自己担任司空兼车骑将军，但实质并未改变，同样可用皇帝名义调动诸侯军队。

"挟天子以令诸侯"最大的作用在于压制世家大族，因为那些人最拘泥于效忠皇室，可是对于军阀出身的诸侯就不管用，一个例子是张绣。

张绣的地盘继承自叔叔张济，张济原本是凉州军阀之一，在关中内战时率军出关，盘踞宛城。曹操跟袁绍在北方争霸，而袁绍拉拢荆州刘表夹击曹操，曹操想要攻击荆州，首先得去除依附刘表的张绣。

曹操跟张绣打了两场战役。第一次曹操攻宛城，张绣接受谋士贾诩建议，开城投降，孰料曹操贪恋美色，将张济的遗孀接到城外大营，张绣大怒，率军夜袭曹操大营，曹操狼狈败逃，长子曹昂战死。第二次曹操包围穰城（今河南邓州市，张绣在宛城之战后移至穰城），得报袁绍乘虚而入偷袭许都，撤围北返，张绣追击却遭伏击败回，又听贾诩之计再反攻破曹兵。后来，张绣采纳贾诩建议归顺曹操，曹操乃能专心与袁绍决战。

赞

曹操在官渡之战前，遭逢三次大败：第一次是讨董卓时，诸侯聚集在酸枣，每天置酒高会，只有曹操带自己的军队出击，但是他孤军出战的结果是大败而回，靠曹洪将坐骑让给他，才得幸免；第二次是吕布侵占兖州，他反攻却被吕布击败，靠典韦拼死断后，仅以身免；第三次就是宛城之战，长子曹昂、侄儿曹安民阵亡，侍卫长典韦也阵亡。

宛城之败后，曹操对诸将说："我知道为什么遭逢此败了，诸位看着吧，从今以后我不会再败了！"事实上，曹操后来还是吃过败仗，例如赤壁之战、潼关之战（对马超）等，然而他上述言论的意思，跟"不贰过"相似，也就是没有再犯相同的战术错误。

曹操跟袁绍等士族军阀竞争，有着"起跑点"的不平等：人家有地盘，有税收，所以人马、粮草都是现成的，可是曹操每次"输光"，都得重新来过。

东汉末年逐鹿英雄当中，还有一位也不是士族出身：刘备。曹操可能因此对刘备刻意包容，最早是刘备被吕布赶出徐州（陶谦临死将徐州交给刘备），曹操否决程昱等谋士所提"刘备不是可以信任的人，应该早点除掉"的建议，不但收留他，还给刘备当豫州牧（不怕他有地盘），而且"出则同舆，坐则同席"，最脍炙人口的当然是"煮酒论英雄"那一幕。

是时曹公从容谓先主曰："今天下英雄，唯使君与操耳。本初之徒，不足数也。"先主方食，失匕箸。①

刘备被曹操吓得筷子都落在地上，但是我们揣摩曹操的心思，他其实真的没把袁术、孙策、刘表、刘璋这些角色放在眼里，反而对刘备这种赤手空拳起家的英雄另眼看待。而他唯一点名不够看的袁绍（字本初），他却不能真的不放在眼里，因为当时袁绍拥有冀、幽、并、青四州，也就是今天的河北、山西、山东，还加上北京、天津，而曹操大约只有今天河南的大部分和山东、江苏的一小部分，袁绍的优势明显。由于曹操崛起快速，袁绍倍感威胁，因而一再言辞挑衅，求启战端，北方双雄的决战势不可免。

双雄的势力范围原本以黄河为界，但是曹操有计划地将主力退到官渡，集中兵力，扼守要隘，还有一个更重要的理由：官渡距离许都较近，大军补给线较短。这一点后来竟成为胜败关键。袁绍的补给线太长，而曹操掌握情报，烧了袁军储存在乌巢的粮草，袁军溃败，袁绍因悲愤呕血而死，两个儿子被曹操各个击破，曹操于是并有整个北方。

曹操得到袁绍的粮草囤在乌巢的情报，过程有些戏剧化。

　　操闻攸来，跣出迎之，抚掌笑曰："子卿远来，吾事济矣！"

---
①《三国志·蜀书二·先主传》

既入坐,谓操曰:"袁氏军盛,何以待之?今有几粮乎?"

　　操曰:"尚可支一岁。"

　　攸曰:"无是,更言之!"

　　又曰:"可支半岁。"

　　攸曰:"足下不欲破袁氏邪?何言之不实也!"

　　操曰:"向言戏之耳。其实可一月,为之奈何?"①

许攸从袁绍阵营投奔曹操,曹操赤着脚(跣)出来迎接。当曹操打肿脸充胖子说"还有一年半载粮草",许攸非常高姿态,问曹操:"你想不想打败袁绍啊?说实话!"曹操立刻放下身段认错:"方才都是随便说说,其实只剩一个月存粮,你看该怎么办?"

觇

　　这一段很有意思:曹操是大帅,许攸是文士,曹操岂可能连穿鞋子的时间都没有?应该是刻意摆出求才若渴的姿态。而许攸一开口就问粮草储量,显然是

---

① 《资治通鉴·汉纪五十五》

带来了这方面的重要情报,也就是说,曹操完全知道许攸的来意,那番对话其实是经过设计,刻意要满足许攸的心理。

赞

从陈留起兵到官渡之战,不到十年间,曹操基本上扫平了北方群雄,他用兵机诈多谋,稳赢的绝对不输,已经输的总能赢回来。如前所述,曾经犯过的战术错误,他不会再犯第二次——不贰过,多难啊!

他是历代兵家公推注解《孙子兵法》最权威的一人,然而,军事方面的胜利却不尽然是因为他用兵如神,还由于他总能分辨幕僚意见的好坏,然后采纳好建议。更重要的是,每次作战胜利,他都能不吝惜推崇提出好建议的幕僚——不跟部下争功劳,那是很多老板(甚至是非常成功的老板)都做不到的一项成功要素。

本章叙述的这个阶段,曹操进一步洗刷他的"宦官后代"形象,刻意优容士人,甚至袁绍的文胆陈琳在为袁绍写的《讨曹操檄》中说他是"赘阉遗丑",他在官渡之战胜利后都没有杀陈琳。另一位当众羞辱他的名士祢衡,他实在难以容忍,都要煞费苦心地将之送去荆州，借江夏太守黄祖之刀杀人。

另一件事堪比刘秀：曹操进入邺城，收拾袁绍的书信文件，发现很多许都官员跟袁绍的通信，他将之一把火给烧了，说："当袁绍势力强大之时，我自己尚且不能自保，何况众人？"——乱世逐鹿之主似乎都要有如此胸襟才会成功。

(三) 赤壁之战

一着错天下三分

曹操为了对抗他的宦官后代形象，致力于笼络士人，凡是名士来投奔他，他莫不倒屣相迎（比喻热情款待，急着出来迎接宾客，连鞋子都穿反了）。

他的丞相府中多得是出身世家的名士，可是随曹操四处征战的谋士中，最受他器重的两位：郭嘉与戏志才，都是寒士。

戏志才的事迹记载很少（若是士族中人，记载就不会少），他死得很早，曹操写信给首席参谋荀彧："自从志才死后,没有可以商量战术的人,你有什么人才可以推荐吗?"于是荀彧推荐了郭嘉。

曹操跟郭嘉见面谈论天下大势后,说:"助我成就大业的,必定是此人!"

而郭嘉出来之后,也高兴地说:"他真是值得追随的领袖啊!"

曹操当即发表郭嘉为司空军祭酒。

祭酒,在此之前只有用在文职,例如博士祭酒。曹操当时的职衔是司空,司空带兵打仗,军事参谋的首席称为司空军祭酒。上述那一段主从相互欣赏的佳话,展现了曹操发现人才就不次拔擢的风格;而郭嘉的欣喜,更是由于他曾经投奔过袁绍阵营,也曾向袁绍的高级幕僚辛评、郭图等提出高级建议,可是他发现袁绍不是能够成大功、立大业的料,就离开了袁绍阵营。也就是说,郭嘉跟东汉开国时的马援一样,是"不唯君择臣,臣亦择君"的角色。

郭嘉没有辜负曹操对他的器重,多次展现了他作为首席参谋的独到眼光。

曹操讨伐吕布,吕布败退固守下邳,曹军久攻不下,军队疲惫。在曹操有意撤军时,郭嘉说:"吕布有勇无谋,如今败退守城,锐气尽失。军队打仗看主将,主将缺乏斗志,军队就不会有士气。陈宫(吕布的首席参谋)有智谋,可是下决断太迟。如今吕布的斗志尚未恢复,而陈宫的计谋尚未定夺,应该急攻,不让他喘息,必定可以攻克。"然后献计引河水灌城，城破，生擒吕布。

曹操与袁绍在官渡对峙，有情报说孙策将偷袭许都，诸将闻之有惧意，郭嘉料准孙策内部不稳，果然孙策被仇人暗杀。

官渡之战击败袁绍后，诸将都主张乘胜追击，郭嘉说："袁绍两个儿子争继承权，我们追击太紧的话，兄弟会团结抗敌，不如放松，让他们有内斗的空间。"曹操暂时调转大军南向，果然袁谭与袁尚展开内战，后来被曹操分别收拾。

曹操北征袁尚与乌丸（亦称"乌桓"，当时在河北北方与辽东的民族），很多人担心荆州刘表会偷袭许都，郭嘉说："刘表不是那块料，不必担心。"果然没事。

也就是说，吕布、孙策、袁绍跟他的两个儿子，还有刘表，郭嘉都能掌握他们的性格，确实称得上第一流参谋人才。可惜郭嘉也早逝（三十八岁），没来得及追随曹操南征，而曹操在赤壁之战大败之后，说："如果郭嘉还在，一定不会让我遭到如此失败。"

曹操为什么这么说？且看曹操怎么打赤壁之战的。

官渡之战胜利后，曹操一统北方，说来一语带过，其实又花了他七年时间。这当中，傀儡政权汉朝廷从许都迁到邺都（今河北临漳县，之前是袁绍大本营），同时废了原本的三公（司徒、司空、太尉），改回西汉初年的丞相制，由曹操担任丞相，大权独揽。而曹操在发表丞相之前，就已下令在邺城南苑挖一个玄武池训练水军，他的目标当然是南征荆州。

水军还没练好，曹操的陆军已经出发，荆州牧刘表为之病情加剧而亡，继承人次子刘琮派人将朝廷颁发的符节送去给曹操，以示归顺。原本寄人篱下的刘备仓皇往南逃走，荆州形势变化快速得曹操几乎来不及接收。

觇

在此之前，曹操没有经历过任何一桩"水到渠成"的事情，讨黄巾、伐董卓必须散尽家财方募得到兵，青州、兖州、徐州、冀州都靠自己一刀一枪打胜仗取得，可以形容为"渠成水到"，必须自己开好渠道、自己引水入渠。这回攻打荆州，却是"水未到，渠已成"，他如何面对这种情况？

部将中有人疑心有诈，有人拍马屁说"丞相虎威，当者披靡"，曹操听得懂马屁，但如此情况以前都是郭嘉负责分析，而且每次都料中。问题是郭嘉不在了！

曹操完全不把刘琮放在眼里，他只关心一个人，刘备。

刘备带着十万军众南下，但那不像是逃命，逃命的人只会带机动性最强的骑兵（还记得西楚霸王项羽吗？英武勇猛如项羽，逃命时也舍弃步兵，只带骑兵),而刘备除了军队还带平民男女老幼同行,那是另找根据地的做法。曹操也记得自己曾两次否决幕僚要他杀刘备的建议(包括郭嘉),所以这次不能再犯错误。

曹操研判,刘备南行的目标一定是江陵(今湖北江陵县),那是荆州扼守益州的战略要地,囤积了兵器、装备和粮草,如果让刘备先到江陵,等于给了他城池、武器和粮草。于是曹操丢下辎重,遴选五千精锐骑兵加紧追击,一日一夜奔驰三百里(刘备的军民混合队伍一日只行十余里),在当阳的长坂追上,刘备的队伍霎时崩溃。刘备只带着诸葛亮、张飞、赵云等逃走(张飞在当阳桥吼住曹军、赵子龙于长坂坡救阿斗),曹操的战术成功,可是诸葛亮的B计划发挥功效——当初从襄阳撤退时,重要物资由关羽率水军押运,走汉水往江夏(今湖北武汉市),刘备等往汉水方向逃命,会合关羽水军,到了江夏,那是刘琦(刘表长子)的地盘,有兵有粮。

曹操在荆州整顿兵马,安定人心。这时来了一位客人,益州牧刘璋派使者张松到荆州向曹操致贺,也负有观察情况的任务(如隗嚣派马援去观察公孙述与刘秀)。

张松身材短小,举止放荡,但见解超乎常人,深得刘璋器重。可是当时的曹操胜利来得太快,没有太搭理张松,也否决了杨修所提留张松在朝廷任官的建议,张松为此衔恨,返回益州后,建议刘璋跟曹操断交,转而结交刘备。

赞

无可否认,张松的外形与举止肯定有影响,此所以外交官总是讲究外形、衣着、谈吐与举止。然而,也是因为当时曹操的心态跟之前很不一样,才会演变成如此结果。

对比一下官渡之战前曹操对待许攸(赤脚出迎),跟赤壁之战前对待张松,就可以明白,同一个曹操为何之前能够以弱胜强,之后却虽强反败——对待士人的态度显示曹操的心态。

由于北方已大致平定(只剩下关中),而荆州得来不费吹灰之力,对付原本认为"天下英雄就咱俩"的刘备也如摧枯拉朽,曹操当时肯定有点志得意满,以为天下已经在囊中了。也就是说,他当时的心态可能是"天命在我"吧!

如此心态之下,曹操写了一封信给孙权:"近者奉辞伐罪,旌麾南指,刘琮束手。今治水军八十万众,方与将军会猎于吴。"用白话文说：我掌握了傀儡皇帝，所以大军南下，刘琮已经识相归顺了。现在率领八十万大军和舰队，期待我俩在你的领地上一同游猎为乐——何等嚣张的口吻！

事实上，曹操在赤壁之战前，始终低估了孙权。孙策被刺杀的消息传到许都，曹操一度想要乘人之危，发兵讨伐江东，后来他没有发兵，反而表请汉献帝任命孙权为讨虏将军兼会稽太守，前者是沿袭老爸和老哥的头衔（孙坚破虏将军、孙策讨逆将军），后者是继承老哥孙策的官衔，可是孙策的"吴侯"爵位没了。也就是说，曹操看不起孙权这个"毛头孩子"，不认为他能担当一国之主。

但是孙权的志气不小，孙权的谋臣鲁肃更是第一个提出"鼎足天下"大战略的人。听说刘琮献出荆州、刘备投奔江夏，鲁肃取得孙权的同意，即刻前往江夏联络刘备。而刘备也派诸葛亮出使建康，说服东吴众臣，孙刘两家合力抗曹。孙权拨三万水军给周瑜，周瑜进抵赤壁，跟曹操隔长江相望（赤壁在南岸，北岸是乌林）。

此时曹操军中流行瘟疫，战斗力衰退，将船舰用铁链连锁，首尾相接，减轻船舰摇晃，以免染病的军士身体状况雪上加霜。周瑜迅速利用这个错着，派部将黄盖向曹操诈降，"投诚"船只满载芦柴、灌以油脂，直奔曹军舰队而来，接近约二里之遥时，各舰同时引火，火船冲进曹军连锁舰队，风助火势，瞬间一片火海，更延烧到岸上陆军营寨，人马或被烧死、或坠入长江溺死，哭号震天。周瑜主力船舰随后跟进，曹操大军霎时崩溃。

周瑜、刘备分由水陆展开追击,曹操率领残军穿越华容道(今湖北监利市东),那是一条两座山壁中间的狭径,穿过去就到达华容(今湖北荆州市境内),也是曹操大军囤积粮草后勤的地方。出了华容道,曹操仰天大笑,诸将问他为何大笑,曹操说:"刘备跟我称得上是对手,可是他却没算到,如果在此之前(华容道中)放一把火,我们可全都完结了!"

觇

曹操败过很多次,很多次都非常危急,可以说是奇迹式的活命,华容道并不是最危急的一次。而曹操在脱险之后,想的却是"还以为刘备能跟我匹敌,他却漏算了这一步"。

逃命时不是只想到求活就好,而是想再来怎样对付对手。这种特质在刘邦、刘秀身上都曾看到。

再回头来看,曹操为什么认为郭嘉可以让他避免赤壁之败?

前面提到,郭嘉曾经建议"让袁绍两个儿子有内斗空间",果然收到了预期效果。如果郭嘉还在,当刘备投奔江夏,郭嘉应该会提出,"现在如果大军东下,会逼使孙权跟刘备联手,如果我们先将矛头转向益州,孙权对江夏突然多出刘备军队,可能会感受到威胁,他俩就会产生猜忌,甚至相互攻伐"。那样的话,曹操也不会忽视张松,而如果张松当时帮曹操取益州,很可能也就不会有后来的三国鼎立(甚至没有赤壁之战)了。

然而,虽然郭嘉不在,但为什么曹操就想不到这些?

赤壁之战前,曹操曾经横槊赋诗《短歌行》(节录):

> 月明星稀,乌鹊南飞。绕树三匝,何枝可依?
> 山不厌高,海不厌深。周公吐哺,天下归心。

"乌鹊"指的是人才,诗文意思是:天下英才不能决定投奔哪里吗?我这里"山高海深"发挥空间无穷大,而我更是跟当年周公"一饭三吐哺"那样,竭诚欢迎人才来归。

原来,曹操当时认为,天下已经在掌握之中。他在官渡之战前,的确称得上气度宽宏,礼贤下士,可是他在荆州却忽视了张松。而赤壁横槊赋诗时,他虽仍标榜效法周公,但其实心底认定"天下英才已经没有其他选择了"。

赞

任何英雄人物最忌讳的就是：得意忘形。刘邦一直到唱出"安得猛士兮守四方"时，仍怀着危机意识；刘秀说出"既得陇，复望蜀"时，还要向前方将士表达"不好意思"。相较之下，曹操似乎得意得太早了。

然而，赤壁之战给了曹操当头棒喝，他扎扎实实地反省了自己，并且在评估形势后，从此不再大举南征，因而成就了建安盛世。

【原典精华】

或荐嘉。召见，论天下事。太祖曰："使孤成大业者，必此人也！"嘉出，亦喜曰："真吾主也！"表为司空军祭酒。

——《三国志·魏书·郭嘉传》

（四）自明本志

终于未能称帝

曹操的"天命"事实上毁在赤壁之战，如果他打赢了赤壁之战，甚至在拿下荆州之后，用外交手段让孙权雌伏，刘备孤军在江夏不可能撑太久，那样，他应该可以顺理成章地易姓移鼎。可是他败了。

孙权接受鲁肃的建议，将荆州三郡"借"给刘备，当这个消息传到邺都时，曹操正在写字，闻讯为之失笔——刘备失箸与曹操失笔都是非常传神的叙述。简单说，曹操在那一刻已经明白，孙权跟刘备的结盟已经成形，从此以后他要对付的是东西两个战场——三国鼎立已成定局。

于是曹操专心经营北方。首先他进一步推广屯田，之前在许都时他的军队就开始屯田，一年之内"米谷百万斛"，于是推广到所有郡县，第二年"所在积粟，仓廪皆满"。打完官渡之战与赤壁之战，他再度推行屯田，让军队不成为人民的负担，家家富饶。

接下来，他整饬吏治，重用毛玠与崔琰担任丞相府东西掾，同时负责文官的选拔、升迁与黜免。毛、崔两人务实地选拔官吏（不以门第为标准），排斥吹牛拍马之徒，严厉惩戒贪污，整个政府作风廉洁有能，因此创造了建安盛世，包括经济、文学各方面都欣欣向荣。同时，他下令兴建铜雀台（《三国演义》写诸葛亮用"曹操建铜雀台要收二乔"激怒周瑜，明显有时间差），以彰显太平盛世。

然后他颁布了《让县自明本志令》，自述从政以来的心路历程：最初只想等待天下太平再出来做官（做个治世之能臣），但不能如愿，因为受征召讨伐黄巾，那时也只想墓碑上能题字"汉故征西将军曹侯之墓"而已。可是后来形势变化太快，袁术居然僭号称帝，我发兵征剿，使他发病而死；他的哥哥袁绍据地称雄，我将他击败，并砍下他两个儿子的脑袋；刘表以皇室自居，却包藏奸心，我将之平定，于是平定了天下。身为宰相已经位极人臣，不该再有奢望，却为什么还要说这些？是为了堵住那些谰言批评，所以直言不讳。说实在的，如果没有我，不晓得会有多少人称帝、称王！

所谓"让县",就是奉还大部分食邑,在今天就叫"自砍薪水",目的当然是沽名钓誉,同时美化他之前四出攻伐,乃至"杀人如麻"的恶名。至于其他人都想称帝称王,他自己呢?

说曹操从来没想过称帝,肯定是昧着良心说话。他颁布《让县自明本志令》之后不久,朝廷任命曹丕为五官中郎将(其实就是曹操任命),然而,五官中郎将在东汉朝廷只是总管宫廷侍卫,可是曹丕这个五官中郎将却设官置属,有自己的幕僚参谋,且"为丞相副",摆明了"从此朝廷是我家的",这也是后来日本幕府将军的模仿样板。曹操另外三个儿子同时封侯,各享五千户食邑,刚好是他"让县"的数目:一万五千户。

再往后,曹操的野心就愈来愈明显了:征关中得胜归来,汉献帝下诏,准许曹操"赞拜不名,剑履上殿,入朝不趋"。也就是朝见天子时,司仪只高声称"丞相",而不称"丞相曹操";上殿时不必脱鞋,并准许佩剑;进入及退出时不必踩小碎步。别看这三件事似乎没什么了不起,在古代这可是莫大恩典。在此之前,只有西汉开国时的萧何享有后两项特权而已。

尚书董昭看懂了曹操的心思,联合诸侯、诸将向朝廷提出:丞相曹操应该晋升魏公,并加颁九锡。"锡"就是赐,九锡就是天子颁赐九项只有天子可以使用的仪仗给诸侯,这一套在王莽篡汉时使用过。

可是尚书令荀彧却对此表示不同意见,他说:"丞相最初本是大义起兵,一心只为安定国家,谦恭退让,从来不求个人名位。君子爱人,应该砥砺他的品德,不该以这种行动坏了他的志节。"曹操为此大不高兴。

之后曹操东征孙权,上书请皇帝派荀彧到前线劳军,荀彧到了前线,被留在军中担任"持节,参丞相军事",也就是他仍然是皇帝的代表,可是在前线参与军事。曹操大军推进到濡须(今安徽巢湖市),荀彧因病留在寿春(今安徽寿县),曹操送去食盒,打开里面却是空的,荀彧识相,于是服毒自杀。

觇

曹操为什么要逼死荀彧?史家有很多种看法。

荀彧是曹操起兵以来的首席参谋,曹操不止一次说荀彧是"吾之子房也",将荀彧比作张良。曹操也称许另一位重臣钟繇是"吾之萧何也",当然,曹操这是自比刘邦。

曹操非常确定,荀彧绝对了解他自比刘邦的心,那么,荀彧反对"魏公加九锡",就显然是故意阻挠他的篡夺之路了。

这才是曹操逼荀彧自杀的动机——移开挡路石,

否则，以曹操对人才的珍惜，与荀彧为他立下的无数功劳，他没有理由这么做。

但荀彧为什么要反对董昭的马屁行动，仍然令人想不通。因为，如果曹操果然称帝，荀彧就是开国元勋，如果他不乐见曹操称帝，那他打一开头就不会靠向曹操。

曹操东征孙权回到邺都，朝廷（其实是曹操自己）封曹操为魏公，以冀州十个郡做他的采邑，加九锡之外，另赐十五项皇帝专用仪仗。魏公府设尚书、侍中、六卿等，事实上，傀儡朝廷的所有政令从此都出于魏公府。

接下去，曹操逼死汉献帝的伏皇后，理由是已经逝世的后父伏完曾经密谋政变。然后汉献帝立曹操的女儿为皇后，并且下令：魏公曹操在朝会的位置，在所有侯、王之上。隔年，曹操晋封魏王；又隔年，魏王曹操设天子旌旗，出警入跸（清道禁止行人），所有仪仗已经跟皇帝完全一样。

赞

这个过程跟当年王莽篡汉的轨迹如出一辙，所有人都认为，曹操一定会篡位称帝，可是，所有人都错了。曹操过足了做皇帝的瘾，有皇帝之实，却始终没有称帝。

为什么曹操完全可以称帝却始终没有称帝？史家有非常多说法，但曹操是个极端复杂的人，后人尝试以一个或很少的几个理由觇探曹操的心思，事实上不可能。

然而有两点是多数史家都提到的：第一，天下没有统一，曹操的事功不够完全；第二，他以前讲了太多为自己涂脂抹粉的话，特别是《让县自明本志令》那句"设使国家无有孤，不知当几人称帝，几人称王"，他自诩消灭了如袁术那样"僭号称帝的贼子"，在没有想到如何自圆其说之前，总是下不了决心。因此虽然一步一步逼近，最后却没能到达终点。

【原典精华】

孤复定之,遂平天下。身为宰相,人臣之贵已极,意望已过矣。今孤言此,若为自大,欲人言尽,故无讳耳。设使国家无有孤,不知当几人称帝,几人称王。

——《让县自明本志令》

⑤ 立储正确

成功套用周文王模式

曹操下不了决心,群臣也就不敢造次,因为曹操的疑心病很重,且天威莫测,甚至会假装睡梦中杀人。

可是孙权完全没有这个顾忌,他派人上书曹操,信中自称"臣",还说自己称臣是"顺应天命"。曹操将孙权的信公开,说:"这小子想要将我放到炉火上吗?"身边的马屁集团这下逮到机会了,立即表态劝进,恭请曹操"正大位"。曹操说:"如果天命真的在我,我宁愿当周文王。"

"周文王模式"的实质意思是:商纣王无道,天下诸侯已经有三分之二归心西伯姬昌，但直到姬昌死后，儿子姬发才讨伐纣王，灭商朝建立周朝，并追尊父亲为周文王。也就是说，曹操表明自己不会篡位，要等儿子篡位以后，追尊他帝号，这就是"周文王模式"——他不必背负篡位的骂名，但历史仍然记载他是开国皇帝。这个如意算盘的问题在于，儿子必须是"周武王"。

曹操说这话时，已经确定继承人是曹丕，但那可是经过相当一段时间考虑后的决定。

曹操元配丁夫人无子，因故触怒曹操，被送回娘家，曹操另立卞夫人为正室。卞夫人生四子：曹丕、曹彰、曹植、曹熊。依照嫡长制传统，应该立老大曹丕为太子，可是曹操私心最喜欢曹植，曹植多才多艺且反应机敏，因而曹操迟迟不做决定。

这使得下属们开始向两边移动，曹丕、曹植身边各围拢了一批人，曹丕最信任的参谋是吴质，曹植最信任的则是杨修。

吴质本以文学见长，可是他没能进入"建安七子"之列，而建安七子又都是曹植的好朋友，于是他靠向曹丕，而成为重要智囊。

有一次，曹操率大军出征，曹丕与曹植一同送行。曹植当场作赋称颂，出口成章，左右为之侧目，曹操龙心大悦。转头看，却只见曹丕"怅然自失，独流涕"，见父王望向自己，"泣而拜，左右皆歔欷"——这一招，既掩饰了曹丕的短处,又打击了曹植的炫耀,就是吴质教的。

杨修是名门子弟,高祖父杨震有"关西孔子"之美誉,四代都位列三公,杨修是第五代,而他的聪明才智甚至超过父祖——问题就出在他"太聪明"了。

一次,有人送了一杯酪给曹操,曹操尝了一些,然后在盖子上写了个"合"字,传给幕僚们看。大家都不懂,传到杨修时,他打开盖子,吃了一口,然后说:"'合'字拆开就是'人一口',吃吧,没问题的。"

曹操怕人暗杀他,常说:"我睡觉时不要随便靠近,小心我做梦会杀人,杀了人自己却不知道。"有一次,一位近侍在他睡午觉时帮他盖被子,却被曹操跳起来一刀杀了。曹操醒来后,假装大惊失色,左右都嗟叹不已。只有杨修冷冷对那具尸体说:"丞相不是在梦中,你才是在梦中啊!"

杨修能够猜透曹操心思,当然是曹植争取太子地位的一大助力,而他的主要对手当然是吴质。

杨修等运作立曹植为太子最用力的时候,曹丕十分忧惧,想跟吴质商量。可是吴质当时的官职是朝歌县长,外官不得批准或奉召,是不能擅自入京的。于是曹丕想出一招,将吴质藏到装绸缎的大竹筐里,用牛车载进自己的府邸,两人密商对策。

杨修得到消息,就向曹操打小报告。但曹操尚未着手调查,曹丕已得到消息,紧急通知吴质。吴质回说:"那有什么问题。"

隔天,又有装载绸缎的牛车低调进入曹丕府邸。杨修立即报告曹操,曹操下令搜索,却搜不到人,自此曹操开始怀疑杨修。

曹操最后下决心必须立储,则是因为贾诩。

有一天,曹操屏除左右,询问贾诩意见,贾诩"嘿然不语"(喉咙中发出声音,但不是说话)。

曹操说:"我问你问题,你为什么不回答?"

贾诩说:"我正在想一件事情,所以无法立即回答。"

曹操:"你在想什么?"

贾诩:"我正在想,袁绍父子和刘表父子的事。"

曹操闻言大笑。不久,汉献帝降诏(其实是曹操下令)命曹丕为魏王太子。

砚

曹操的两个手下败将袁绍与刘表,都是因为私心喜欢小儿子,所以生前都没有立储。最后自己死了之后,兄弟都不能团结,袁谭、袁尚被曹操分别收拾,刘琮则根本不抵抗就投降了。

曹操既然想要当"周文王",就得选一个"周武王"为太子。很显然,他喜欢曹植,却认为曹植不会成为"周武王",可是曹丕也不是那么妥当,因而一度犹豫。但无论如何必须确立太子，否则恐将重蹈袁绍、刘表的覆辙。

曹操心底的继承人理想形象是谁呢？大家都猜不到，是他在赤壁之战前，完全不放在眼里的孙权！

有一年，曹操亲率四十万大军攻打濡须口，孙权亲率七万人抵抗，守了一个多月。曹操见孙权的阵营"舟船器仗军伍整肃"，慨叹："生子当如孙仲谋（孙权字仲谋）！像袁绍、刘表的儿子，简直跟猪狗差不多！"当然也有可能，贾诩是当时在一旁听到这番话，才会在曹操问到继承问题时，说出上述高级话语。

曹操在立储后没几年便"薨"了，曹丕继承了魏王，他没有辜负老爹的心意，十个月后就演出一场"禅让"戏码，汉献帝将皇位让给曹丕，东汉正式灭亡，魏帝国就此建立，曹丕追尊曹操为魏武帝。

赞

曹操一生都在跟他的"宦官后人"心理阴影斗争。当然他能力超绝，文武双全，而且知人善任，赏罚分明，一生打胜仗无数，只因为赤壁之战一场败仗，遂与帝位绝缘。

曹操没有称帝的两个最主要因素，一是对手（孙权、刘备）也都知人善任，而且头脑清楚，始终能够维持联合对付他。这或许也跟身为宦官后人的心理阴影很有关系。如果换袁绍那种世家大族，或者是刘表那种皇室贵族，不会像曹操顾虑那么多。

另一个因素是，他的胜利其实归功于"奉天子以讨不臣"大战略，而他喊了大半辈子"奉天子"，实在很难做出篡位的动作。除非打赢赤壁之战，统一天下，就可宣称"天命在我"了。

曹操比刘邦和刘秀都要复杂得多，他充满权谋却又时露坦诚，作风忌刻但偶尔非常宽厚，生性多疑却能知人善任充分授权……多种正反性格集于一身，难以盖棺论定。

【原典精华】

（孙权）上书称臣于操，称说天命。操以权书示外曰："是儿欲踞吾著炉火上邪！"侍中陈群等皆曰："汉祚已终，非适今日。……此天人之应，异气齐声，殿下宜正大位，复何疑哉！"操曰："若天命在吾，吾为周文王矣。"

——《资治通鉴·汉纪六十》

卷四

豪族子弟得天命

唐太宗李世民

——"天下大乱,非高、光之才,不能定也。"

世民曰:"安知其无,但人不识耳。"

历史上的"太宗"多数都是给"二世祖"的庙号。这里有两点必须说明：一、庙号跟谥号有别，前者是逝去的皇帝在宗庙里被供奉的称号，后者是依其品德功过而给的尊（或贬）称。例如汉武帝是谥号，他的庙号是"世宗"，由于唐朝以后给逝去皇帝的谥号都很长（以后愈来愈长，清朝皇帝多达二十五字），所以史家都书其庙号。二、必须是能够光大王朝的二世祖才会被尊称太宗，例如宋太宗赵光义、清太宗皇太极等（反面例子是汉惠帝和晋惠帝）。

唐太宗李世民的父亲唐高祖李渊是唐朝开国皇帝，但是后人对唐朝开国者常常称"李渊父子"，因为李世民不但是起义发动者，也著有最大战功。他本人更自豪地说过："在创业君王中，真正亲临战场的只有我跟汉光武帝。"事实上本书前面的刘邦、曹操也都亲临战场，不过此处重点在于，李世民本人认为自己是创业君王。

著名的"创业与守成孰难"论辩，就出自他跟左右侍臣的对话。

唐太宗问:"帝王创业与守成何者比较难?"

房玄龄说:"要跟逐鹿群雄角力,并让他们称臣,创业真难啊!"

魏徵说:"自古以来,很多帝王都得之于艰难,却失之于安逸,所以守成难啊!"

唐太宗下结论:"房玄龄跟我一同打天下,所以体会创业之难;魏徵跟我一同安天下,生怕我因为骄奢而掉以轻心,所以强调守成之难。然而,创业之难已经过去了,守成仍需要各位跟我一同谨慎施政。"

由于李世民赋予自己"慎于守成"的使命,他的施政风格始终保持戒慎恐惧的态度,因此建立"贞观之治",给了唐朝非常良好的立国基因,也建立了大唐帝国的"天命"。

唐朝能够创建,不例外的,必须前朝"失其鹿"。而李世民跟前面述及的三位不同之处,在于他是豪门巨室出身,除了眼光、格局都比平民远大,更有较多资源吸纳各方英雄豪杰,这是刘邦、刘秀、曹操都没有的条件。然而,豪门子弟却很容易耽于逸乐、眼高手低、遇到挫折就归罪他人,这一点,我们在李世民身上(至少史书上)几乎没有看到,确实是非常不容易。

李世民的才能卓越毫无疑问:从小就"临机果断,不拘小节,时人莫能测",当了皇帝"听断不惑,从善如流,千载可称,一人而已"。而他的确称得上"史上最英明"。能够分辨好坏忠奸是"英",历史上另一位当得起的是清雍正皇帝。但雍正是"英察",他建立了一套复杂交叉的情报系统,确保臣下不敢欺瞒;而唐太宗是"英明",他的判断力非常精准,几乎第一时间就能判断忠奸、勤惰、实情或饰言,此所谓"听断不惑"。

但是,他原本是当不上皇帝的,因为他排行老二,在嫡长制度悬为最高铁律的年代,那是突不破的障碍。而他发动了一场兵变"玄武门之变",杀死了老哥太子李建成和老弟齐王李元吉,更让老爸李渊识相地交出政权。史家对此事的褒贬争议千余年,基本共识是"李渊没处理好"。

这样说李渊其实并不公平,李渊绝非优柔寡断如袁绍者流。有一次突厥骑兵冲进晋阳城,李渊下令将内城城门通通打开,突厥骑兵莫测虚实,由北门入,从东门出,不敢留在城内,显示他有勇且敢于行险;起义之初,他曾以书信满足李密的自大心态,让自己得以专心进攻长安,显示他有谋且能忍。这两件事要放大看的话,可以推论李渊在军事、外交方面都能快速且灵活决策,理论上不应该在立储一事上迟疑不决。

可是他事实上始终"坐视"儿子们之间相互斗争,而没有积极干预,一个重要原因是:三个儿子都太优秀了,老爸难为。李世民的功劳大没有话讲,最初起义也是他发动,那并不是李世民比李渊更勇于造反,而是李渊的"闷骚"只有李世民知道。李渊知道这个儿子最能弘扬家业,但如果太子李建成能力很差，也就好处理了，偏偏李建成很优秀，也曾立下不少战功，且常常是因为"太子储君不宜亲冒矢石"的理由而让出立功机会。无论如何，老爸始终不介入的结果，就是兄弟间的猜忌与危机感不断升高，终至爆发了兵变——手足相残可能终究无法避免，纵使李世民没有先动手，李建成也可能动手。

李世民难以洗脱"弑兄杀弟胁父"罪名的一个重要因素是：建成、元吉各有五个儿子，李世民在玄武门兵变之后，将十个侄儿都杀了。这种事情如果发生在流氓创业主身上，不会有任何问题，斩草除根是当然的道理（刘玄没杀刘秀才是错误决策），可是发生豪族家变，乃不免出现亲情与人性方面的争议。

可是，后人都原谅了李世民，因为大唐盛世成为中华民族的骄傲，贞观之治树立了历史上的君臣典范——只要论及君王纳谏，头一个想到的必定是唐太宗与魏徵。然而，魏徵很可能是被唐太宗"相"中的对象：他原本是太子建成一党，重用并优容魏徵，比起采纳房玄龄的建言，边际效益与宣传效果都高太多。以下这一段历史场景可以说明。

唐太宗有一次下朝后，气冲冲地说："我一定要杀掉这个乡巴佬。"

长孙皇后问是哪个家伙胆敢对皇帝无礼，太宗说："还不就是那魏徵，老是在朝廷上不给我面子。"

长孙皇后退回房里，出来时换上正式礼服，太宗惊讶地问为什么。皇后说:"我听说过,君主英明则大臣才敢直言,如今魏徵敢于直言,当然是陛下英明的缘故,我哪能不祝贺!"太宗于是霁然。

这个故事每用在说长孙皇后多么贤明,但却也可见太宗不是喜欢魏徵犯颜直谏,而是为了展现自己当皇帝大度能容,才会"纵容"魏徵。另外,魏徵自己也曾说,太宗"贞观之初恐人不谏,常导之使言",证明魏徵也知道唐太宗要拿他做范例。如前所述,魏徵是建成人马,边际效益比较大。

而这也显示了,唐太宗比历史上任何皇帝都懂得宣传自己,懂得"操弄"历史——如果曹操说"宁为周文王"是想要赢得当世之名,那么,唐太宗成功赢得了万世之名。

【原典精华】

太宗谓侍臣曰："帝王之业，草创与守成孰难？"

尚书左仆射房玄龄对曰："天地草昧，群雄竞起，攻破乃降，战胜乃克，由此言之，草创为难。"

魏徵对曰："帝王之起，必承衰乱。覆彼昏狡，百姓乐推，四海归命，天授人与，乃不为难。然既得之后，志趣骄逸，百姓欲静而徭役不休，百姓凋残而侈务不息，国之衰弊，恒由此起。以斯而言，守成则难。"

——《贞观政要·君道第一》

【原典精华】

上尝罢朝,怒曰:"会须杀此田舍翁。"后问为谁,上曰:"魏徵每廷辱我。"后退,具朝服立于庭,上惊问其故。后曰:"妾闻主明臣直;今魏徵直,由陛下之明故也,妾敢不贺!"上乃悦。

——《资治通鉴·唐纪十》

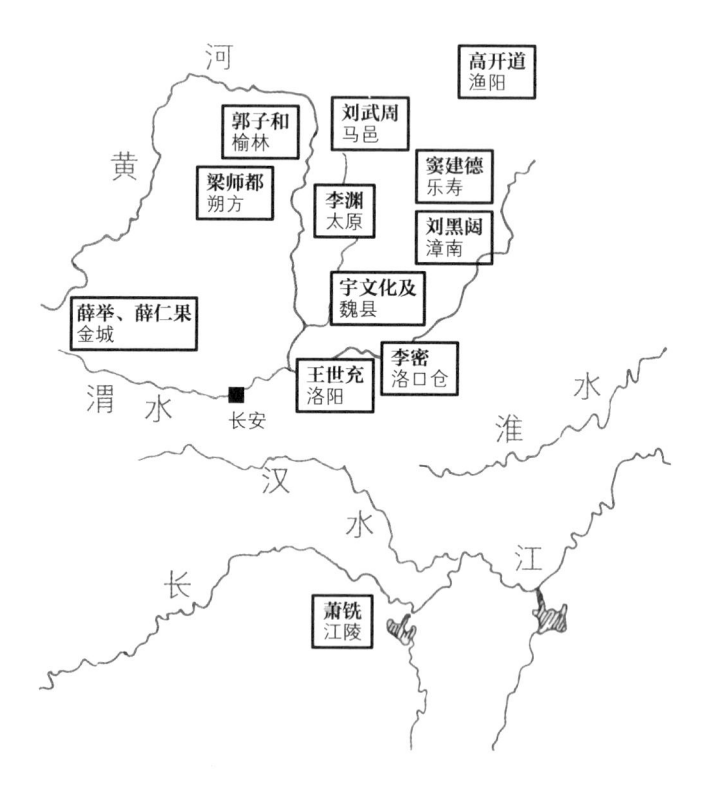

△隋末群雄逐鹿（公元618年前后）

一 关陇集团

没有隋炀帝就没有唐太宗

三国鼎立局面由晋朝终结,但是统一局面只维持了三十多年,就被匈奴族攻进洛阳,晋元帝司马睿在建康即位,延续晋朝的国祚,史称之前为西晋,之后为东晋,东晋延续了一百零三年。同时期北方是"十六国"时期,战乱一百三十多年后由北魏统一。然后是北魏与南朝(宋、齐、梁、陈)对峙,后来北魏分裂为东魏、西魏,又分别被北齐、北周所篡,而北周又灭北齐。最终,隋文帝杨坚篡北周,又灭南方的陈国,天下再归一统(隋朝)。从曹操到杨坚这段历史,称为"魏晋南北朝"。

这里插一个枝节：南北朝后期，北周、北齐、梁陈的"三国"形势，几乎就是"如果诸葛亮北伐成功，并有关中与益州"的局面。也就是说，诸葛亮的战略方向有其可行性，而非全然"知其不可而为之"。但跟曹操的运气不好是"对手太优秀"一样，诸葛亮也因为对手太优秀而没能成功。

可是杨坚运气好得多，北齐都是暴虐之君，杨坚随北周武帝宇文邕东征灭北齐；而南方的陈国皇帝陈叔宝不务正业，政事糜烂，杨坚篡位后，隋朝平陈几乎不费什么力气。然后杨坚建立了一个太平盛世"开皇之治"，轻徭减赋，户口益盛，仓库盈积，这都归功于政府人才鼎盛，而西魏、北周到隋的人才鼎盛，又得力于"关陇集团"。

打从董卓劫持汉献帝到关中时，就有一批洛阳的官员（都是世家大族）跟着朝廷到了长安。后来关中大乱，汉献帝逃回洛阳，关中地区的士族中人很多避难到陇右（今甘肃南部，指关中的陇山以西地区），之后十六国一百多年战乱时期，陇右与河西地区（合起来基本就是今甘肃）同样干戈不歇。

北魏分裂，宇文泰立元宝炬为西魏文帝于长安，西魏不但军事、经济实力在"三国"中最弱，文化方面也最弱。东魏承接北魏孝文帝以来的汉化文明，南梁则有东晋南渡的中原士族。因此，宇文泰一方面重用汉人士族，讲尚儒学，致力于提升关陇地区的文化水平，祛除国人的文化自卑感，一方面保持鲜卑族的部落兵制，并鼓励胡人将领与汉族世家通婚。鲜卑人在北魏孝文帝推行汉化之后，已经都有了汉姓，宇文泰再赐汉人以胡姓，籍贯则一律改为关中籍。这种"快餐式"的种族融合居然大获成功，于是形成了关陇集团，族群融合更使得人才不分畛域，奠定了北周的强大基础，其影响力一直持续到唐朝初期。

西魏皇帝为了尊崇宇文泰，封他为柱国大将军，位在丞相之上，后来为了分散宇文泰的权力，陆续增封，最终有"八柱国"，其下有"十二大将军"，也就是二十位关陇集团最有权力的人，其中包括了独孤信、杨忠、李虎。从独孤信的亲家，可以窥见关陇集团间通婚关系之一斑：独孤信的三个女儿分别嫁给宇文毓（宇文泰的庶长子、北周明帝）、杨坚（杨忠之子）、李昞（李虎之子，李渊之父），他跟三个皇帝家族结为亲家！也就是说，杨坚跟李昞是连襟，而杨坚篡北周是舅舅篡外甥，隋炀帝杨广跟唐高祖李渊是表兄弟，李渊篡隋是舅公篡外甥孙——整个集团几乎可以看作一个家族，而虽然杨忠、李虎都是汉人，但杨广、李世民却都有胡人血统。

既然是一家人，隋文帝又建立了一个物阜民丰的帝国，政府的人才鼎盛，大好江山又怎么会落到李渊手中呢？问题就出在隋炀帝杨广身上。

若论个人资质，隋炀帝堪称古今皇帝中的佼佼者："美姿仪，少聪慧""好学问，善诗文"，还能带兵打仗，隋平陈军事行动的挂名统帅就是他，平陈之后镇守扬州，镇压叛变颇有绩效。

问题在于，他上头有个哥哥杨勇是当然的太子，于是他努力做作：不好声色、礼贤下士、谦恭谨慎，由此赢得了朝野赞颂和隋文帝夫妇的欢心。一旦太子跟皇帝、皇后之间出现裂痕（杨勇同时犯了老爸跟老妈的大忌），杨广就迅速见缝插针，让杨坚废了杨勇，立杨广为太子，后来继位成为隋炀帝。（《资治通鉴》的记载暗示隋炀帝弑父。）

但是，一个资质超绝的太子，即位后却没能成为一位好皇帝，虽然有一些野心勃勃的大作为（如大运河，其实最初并非为了巡游享乐），但最后却搞到天怒人怨，遍地烽火。最主要的原因在于他"以才学自负"，最大的优点成了最大的缺点。举几个例子来说。

他曾对臣下说："你们不要以为我这个皇帝宝座是父亲传给我的，如果让我跟士大夫一同参加考试的话，天子这个位置还是由我来坐！"

才子大臣薛道衡作诗，有一句"空梁落燕泥"传颂一时，隋炀帝为之衔恨，借故杀了薛道衡，还问了一句："更能作'空梁落燕泥'否！"

另一位大臣王胄有诗句"庭草无人随意绿"脍炙人口，炀帝也借故杀了他，并说："'庭草无人随意绿'，复能作此语耶？"

杨广三次发动远征高句丽，两次御驾亲征，群臣劝谏说"派大将去就好了"，他说："我自己去都不成，派其他人去哪行?"

如此"天下只有我最行"的心态,又以为老爸留下的基业可以供他无限制任意挥霍,简单归纳就是"骄纵"二字,让隋炀帝没几年就搞到全国变乱,遍地烽火,最终身死国灭。

砚

李世民出身关陇集团世家,算是皇亲国戚,他对隋炀帝杨广的作为肯定非常熟悉。同时,他俩还真有诸多相同之处。

他俩都是次子,都抢了老哥的太子;他俩都曾经御驾亲征高句丽,也都以失败收场;他俩都具有文武兼修的高级资质;甚至,他俩都有乱伦传闻。

李世民对于杨广的心理想必有深刻体会,但是隋炀帝的失败覆辙就在眼前,让他不得不心生警惕,也因此唐太宗时时都以隋炀帝为戒,且能够分析隋炀帝的失误,直指核心,充分警惕了贞观君臣,最终唐太宗赢得万世美名,而隋炀帝则背了万世骂名。

《贞观政要》中唐太宗以隋炀帝为戒的记载很多,兹摘录两则:

> （我）二十四而天下定，二十九而居大位……自谓古来英雄拨乱之主无见及者，颇有自矜之意……隋炀帝富有四海，既骄且逸，一朝而败，吾亦何得自骄也？①

大意是：我因为不到三十岁就平定天下，登上皇位，自以为古来英雄都跟我没得比，于是不免自矜。可是每次想到隋炀帝，已经拥有四海，却因为骄逸而一下子败光，我又怎么敢骄傲呢？

> 隋主残暴，身死匹夫之手，率土苍生，罕闻嗟痛。公等为朕思隋氏灭亡之事，朕为公等思龙逄、晁错之诛，君臣保全，岂不美哉！②

大意是：隋炀帝因为残暴而死于乱兵，没听说天下人有谁为他哀伤。诸位随时提醒我隋朝灭亡的原因，我随时为诸位念及古时忠臣关龙逄、晁错被冤受诛的教训，如此君臣美名都能保全，那就完美了。

---

①《贞观政要·灾祥第三十九》
②《贞观政要·政体第二》，关龙逄是夏桀的大臣，因直言极谏而被杀；晁错是汉景帝大臣，因建议削藩引起七国之乱，被当作替罪羔羊而杀。

赞

在最初李世民鼓动老爹李渊起兵的阶段,有一次李渊派将领跟突厥作战,战事不利,李渊担心受到隋炀帝处罚,惴惴终日。第二天,李世民对老爹说:"如今盗贼(起义军)遍布天下,大人受诏讨贼,可是征讨得尽吗?即使讨尽盗贼,功劳太高,反而更处在危险地位。"

李世民一番话跟"彼可取而代"或"大丈夫当如是"的豪语不同,跟"刘氏当兴"的谶言也不同,这两者都是争天下,而李世民则有"杨广不行,换人做做看"的意思,听在关陇集团核心世家的李渊耳里,还是挺合理的(北周、隋都是关陇集团换人做皇帝)。

那是李世民起兵的心态,他后来能够在战乱以及兵变之后快速稳定局面,其实受益于他关陇集团核心分子的身份,因此能够顺利延续政府行政。然而,他能够建立贞观之治,是因为他时时以隋炀帝为鉴。可以说,没有隋炀帝就不会有唐朝,而由唐太宗君臣鉴戒来看,没有隋炀帝就没有唐太宗。

(二) 隋失其鹿

李渊举兵入关中

隋炀帝骄奢纵欲耗尽国力，但造成天下大乱的直接原因则是三次东征高句丽，而他之所以要征伐高句丽，却是起因于面子问题。

隋炀帝好大喜功，更喜欢"四夷宾服"的感觉，他巡行榆林（今内蒙古自治区内）时，亲临突厥启民可汗的御帐，启民"奉觞上寿（举杯敬酒并朗声致贺辞）"，并报告"高句丽使者正在我这儿"，于是引高句丽使者晋见炀帝。

炀帝颁诏："明年我将前往涿郡（今河北涿州市），你回去告诉你们国王前来朝见,不必惊慌,我接待他的礼仪将比照启民可汗。如果他不来,我就率领启民可汗到你们国土巡视。"这番宣示的结果,却是高句丽开始减少进贡。于是炀帝决定出兵征伐。

隔年,炀帝带着整个政府进驻涿郡,下令限期建造军舰三百艘,步兵则全国总动员,兵马、器械、粮草都往涿郡集结,大小船只前后相接一千余里。道路上始终维持十万人行军,日夜不断,民夫在途中死亡者不计其数,路旁尸体层层相叠——大军尚未开动,天下却已经骚动。

最先聚众造反的,是一个名叫王薄的人,自称"知世郎"(意思是看透世情),他作了一首歌谣《无向辽东浪死歌》传唱,吸引大批逃避兵役、差役的人前往投奔。各地人民起义随之蜂起,大小股不计其数,人数最多高达万余。隋炀帝下令郡县追捕逃兵,捕到即就地斩首,事态甫稍稍平息。这一梯次起义者没被剿灭的,只剩下后来称王的窦建德。

隋炀帝没把人民起义当一回事,大军分二十四路出发,两个月后才在辽水会师,炀帝带着突厥曷萨那可汗与高昌国王一同渡河观战——以为他们会心生畏惧,但仅徒令他们对隋心生戒惧而已。如此将战争当儿戏,作战当然不会顺利,四个月后,隋军遭到重大挫折,溃败奔逃回到辽东,当初三十万五千人渡过辽水,只剩两千七百人回来!

隔年,再度全国总动员征伐高句丽,同时各地突然间人民起义蜂起,可是隋炀帝只当那是地方上的盗贼,大军仍然渡过辽水。而这一波起义跟上一波同样不堪官军一击，齐郡（今山东济南市）郡丞张须陀"剿匪"捷报频传，隋炀帝命画师将战阵实况绘成图画，送到前线观赏。

人民起义不足为惧，可是有一桩叛变让隋炀帝害怕了：杨玄感兵变。

杨玄感的父亲杨素在隋文帝时战功彪炳，曾经权倾一时，更是隋炀帝争夺太子的最大助力。可是隋炀帝即位后，杨素态度倨傲，他死时，隋炀帝对亲近侍从说："杨素若不死，终当夷族（全族诛灭）。"而隋炀帝在第一次和第二次出征高句丽中间，杀了另一名帮他夺嫡的功臣张衡，使得杨玄感充满危机感。他在东征行动中负责监督后勤辎重运输，于是集结运输工八千人，鼓动他们奋起抗暴，并召来好朋友李密。李密的曾祖父李弼是西魏八柱国之一，他当然是关陇集团的官二代成员，由于隋炀帝不喜欢他，所以辞官专心读书，可是杨素很器重他，要杨玄感跟李密多交往。

李密到了，杨玄感请他献策。

李密说："你亲自率领大军长驱直入，占领蓟城（今北京），夺取临榆（今山海关），扼住东征军的咽喉，切断他的归路。高句丽听到消息，一定全力反扑，东征军顶多十天半月就会崩溃，不必流血就可以擒获他（隋炀帝），这是上策。"

杨玄感说："你讲讲中策。"

李密的中策是直取长安，安抚士民，据守险要，徐图进取。

杨玄感又问："你的下策是什么？"

李密建议袭取东都洛阳，号召四方——杨玄感采用下策，获各路响应，却攻不下洛阳。

东征大军围攻辽东城，用尽方法都攻不下来，这时杨玄感兵变消息传来，隋炀帝听说贵族大官的子弟很多都投靠杨玄感，感到焦虑，秘密召集各路将领，下令撤退，所有军用物资、攻城器械、营垒帐篷一律保持原状，也就是全部舍弃给敌人。隋军顿时军心惶恐，军纪涣散，行军不成行列，士卒纷纷逃亡。高句丽军队发觉有异，却怕是隋军诈术，两天后才敢尾追，落后未能渡过辽水的数千军队，被高句丽军全数屠杀。

觇

隋炀帝不怕民变，却怕杨玄感叛变。因为他打出生就活在关陇集团中，而且关陇集团所向无敌——灭北齐、陈，设计让突厥分裂后臣服，令吐谷浑战败后远徙，调突厥部队击败契丹，派将领渡海征服琉球……所以，他听说关陇集团的子弟都靠向杨玄感，才开始害怕。

东征大军惨败，可是杨玄感仍不敌隋朝军队（毕竟他只是采纳"下策"的材料），最终兵败身死。但是经此一巨变，隋朝已经无力控制人民起义，各地起义首领甚至称王称帝，可是隋炀帝仍然发动第三次东征高句丽。这一次，由于天下已经大乱，各郡动员的军队很多无法准时报到，但是高句丽王国也因连年战争而疲惫困苦，高句丽王请求投降。隋炀帝得意洋洋地凯旋，回到东都洛阳，这才开始讨论征调各地军队镇压起义，但是大局已经失控。而隋炀帝本人仍醉心于享乐，下令打造龙舟，带领整个朝廷南下江都（今江苏扬州市），所有劝谏者都被斩首。

朝廷离开洛阳，中原一带旋即进入群雄割据状态。其中，集结在瓦岗（今河南滑县）的翟让吸收了单雄信、徐世勣、王伯当等英雄豪杰。同时，杨玄感兵败后逃亡的李密也到了中原一带，来往于不同势力之间，他观察认为翟让最有潜力，于是透过王伯当跟翟让见面，提出战略战术建议，翟让有些采纳有些不采纳。直到隋朝政府军"剿匪第一名将"张须陀打到瓦岗，翟让胆怯想要避其锋锐，李密劝他抵抗，并且设下伏兵，张须陀阵亡，从此瓦岗军称霸中原，翟让自知不如李密，将指挥权交出，李密渐渐成为中原起义军盟主，势力范围涵盖"赵魏以南，江淮以北"。此时，隋炀帝还在江都醉生梦死，下令京师长安由代王杨侑留守，东都洛阳则由越王杨侗留守。

两京之外，最重要的是太原（今山西太原市），那里有一个晋阳离宫,也是北方防卫突厥的军事重镇,隋炀帝派他的表兄弟唐公李渊为太原留守。晋阳宫宫监裴寂跟晋阳县令刘文静住在一起,每天看见城上燃烽火传消息,心中担忧时局。刘文静跟裴寂相中了李渊的二儿子李世民,认为他兼有刘邦与曹操的特质。后来李密谋反,刘文静因与李密有姻亲关系遭到扣押,囚禁在太原监狱。李世民前去探望时,刘文静抓住机会试探,说:"天下大乱,非有刘邦、刘秀那样的才能,不能安定。"

李世民说:"你怎么知道没有?只不过人们不知道罢了!"两人于是开始讨论安定天下的大计。

李世民跟刘文静又拉裴寂加入,裴寂将晋阳宫中美女私下送进李渊寝室,然后有一天,两人一同喝酒,裴寂对李渊说:"你家二郎暗中蓄养人马,打算创立大业,所以我们出此计策(让李渊犯下死罪)。大家已经同心,你意下如何?"

李渊说:"我也知道他有此想法,事已至此,还有什么好说的,都听他的吧!"但仍然迟迟不发动。

砚

历史对李渊的评价,多半是他初无大志且优柔寡断,可是看这一番对话,李渊知道李世民在进行"大事",却从未阻止,连劝说或暗示、警告都没有,显示他内心不是没有取隋朝天下而代之的想法。而关陇集团从宇文氏篡西魏到杨坚篡北周,事实上有着"禅让"的传统,也就是强者取代弱者理所当然。

李渊迟迟不做决定,事后看起来,应该是顾虑老大李建成和老四李元吉,当时这两个儿子还在河东老家。

后来,起义军首领刘武周攻陷汾阳宫,属太原留守辖区。李世民警告老爸:"您是留守,居然让盗匪进入离宫,若不早定大计,灾祸即将临头。"

李渊于是集合诸将,对大家说:"刘武周入据汾阳宫,我们不能阻止,一旦问罪,必定全家屠灭,如何是好?"他当下宣布:立即扩充兵力,以夺回汾阳宫。随即让李世民、刘文静等亲信开始四处招兵买马,同时召回李建成、李元吉和女婿柴绍。两位副留守王威、高君雅对此起了疑心,李渊先下手为强,逮捕王、高二人,集结军队开往长安,宣称拥护代王杨侑。

杨侑当然明白李渊是造反,便派将领宋老生驻守霍邑(今山西霍州市)。但因遇上连绵大雨,唐军无法向前推进,派人回太原运粮也久久未返,又传言刘武周袭击晋阳,李渊想要返回太原,裴寂等人赞成,李世民反对,并在老爸帐外哭了一夜,使得李渊回心转意。

等到天气放晴，唐军进攻霍邑，可是宋老生坚不出战。李渊派人到阵前叫骂，宋老生怒不可遏，开城出战，冲垮了唐军正面阵地，唐军向后退却时，李建成乱军中坠马，情势对唐军不利。这时，李世民率领数百骑兵突击宋老生背后，手刃数十人，两把刀都砍出缺口，鲜血沾满衣袖，甩血再战，隋军霎时崩溃，宋老生阵亡，唐军攻克霍邑——这就是有名的霍邑之战，也是李世民扬名的一战。

之后，唐军未再遭遇像样的抵抗，顺利进入长安。李渊准备了法驾（皇帝仪队）迎接代王杨侑到大殿登基，尊杨广为太上皇，晋封李渊为唐王、大丞相、都督内外诸军事，文武大权一把抓。

赞

唐朝的历史自此展开，李世民从暗中准备到促成起义，然后在霍邑打第一仗、立第一功，厥功至伟。

当时的情势：虽然隋炀帝远在江都，对大局已毫无办法，但皇帝毕竟还是皇帝；中原一带，瓦岗军李密声势如日中天，俨然已经气吞天下，可是东都洛阳还在坚守中，李密与王世充互有胜负；唐军虽然控制了关中，但是周围强敌环伺，最强大的"汉帝"刘武周在北面、"秦帝"薛举在西面，唐国必须收拾这两个强敌,才有条件东向争天下。简单说,接下去的隋唐逐鹿大戏有三个主要舞台:江都、中原和关中,而李世民将逐步成为主角。

【原典精华】

(刘文静)谓寂曰:"(李世民)此非常人,豁达类汉高,神武同魏祖,年虽少,命世才也。"

……文静曰:"天下大乱,非高、光之才[1],不能定也。"世民曰:"安知其无,但人不识耳。"

——《资治通鉴·隋纪七》

①"高"指汉高祖刘邦,"光"指东汉光武帝刘秀。

(三) 用兵如神

削平河北群雄

打破局面的事件是江都兵变——隋炀帝遭弑。

隋炀帝到了江都之后,变得喜怒无常,却又残酷暴虐。百官不敢有异声,长安带去的军队却军心不稳,士卒私下谈论逃亡回关中。隋炀帝本人完全不在乎,还会在引镜自照时,自言:"好头颅,谁当斫之?"

终于,骁果(御林军)将领司马德戡等发动兵变,缢杀隋炀帝,推宇文化及为大丞相,将隋炀帝的儿子通通杀掉,立秦王杨浩(炀帝侄儿)为帝。之后,宇文化及带领傀傀儡皇帝、流浪政府与十万大军离开江都，目标是北上回到洛阳——这十万军队是隋军精锐，大军北上当然打乱了中原的局势，此处暂且按下不表。

炀帝死讯传到洛阳，洛阳守城总指挥王世充马上立越王杨侗为帝，但杨侗实质上是王世充的傀儡。传到长安，傀儡皇帝杨侑下诏赐唐王李渊九锡，李渊推让不受。三个月后，杨侑将皇帝"禅让"给李渊。李渊即位后，立李建成为太子，李世民为秦王，李元吉为齐王。关中虽然换了块新招牌（唐取代隋），但实质没变，仍然由关陇集团当家，而外在形势也没变——西边和北边强敌窥伺，而且背后都是突厥在撑腰。

在李渊即位之前，割据陇右的秦帝薛举曾经联络割据朔方（今陕西北部到内蒙古自治区一带）的梁帝梁师都，说服突厥启民可汗一同进攻关中。李渊得到情报，派使节以厚重礼物贿赂突厥，破坏了那次"西北联军攻唐"的阴谋。李渊即位后，薛举攻击泾州（今甘肃泾川县），李渊派秦王李世民率军抵抗。李世民到了前线，却感染疟疾，卧病在床，嘱咐各军深沟高垒，不许出战。但是两位重要幕僚殷开山、刘文静却刻意展示军威，被薛举奇袭得逞，大军败回长安，刘文静与殷开山因此被开除军籍。

秦帝薛举正想乘胜追击，却突然病逝，儿子薛仁果（也称薛仁杲）继位。薛仁果天生神力，善于骑射，军中号称"万人敌"，是一员猛将，但却生性"贼悍"，残忍无比。他当太子的时候，跟很多将领不和，登上皇帝宝座后，很多将领内心猜疑恐惧。

李世民再次领军攻击西秦，两军又在泾州对上。李世民仍然关闭营垒，等待薛仁果粮食吃光，下令"胆敢请求攻击者，斩"。对峙六十余日后，西秦军两名将领向唐军投诚，李世民于是发动战术，先派出一支军队进驻浅水原，作为诱饵，西秦大将宗罗睺大喜，立刻倾巢而出。

浅水原唐军坚守数日，李世民估计敌方已经气衰，下令主力出击。先头部队佯为不敌，引秦军心喜追击，李世民大军从侧翼突击，他本人领骁骑数十人身先士卒攻入敌阵，往来厮杀，对宗罗睺军形成内外夹击，宗军溃败。李世民率骑兵追击，将领窦轨（李渊窦皇后的弟弟）拉住马缰苦劝，李世民说："现在是'破竹'之势，只要继续追击，必将迎刃而解，机不可失，舅父请勿多言。"

追到泾州城，薛仁果在城下列阵，李世民在泾水畔扎营，西秦军两名将领就在阵前向唐军投降，薛仁果恐惧撤退回城中。当晚，守军将士争相缒城投降，薛仁果无计可施，隔天出城投降，后来在长安城被斩首示众。

李世民回到长安之后五个月，北方的定杨可汗刘武周大军包围晋阳，留守的李元吉将他击退，由于晋阳是唐国的"龙兴之地"，李渊决定要彻底解决刘武周这个背上芒刺。可是，他派出的军队却接连被刘武周手下大将宋金刚击败，甚至唐国的起义元勋裴寂率领大军前往，也被杀得片甲不留，裴寂单人匹马奔了一日一夜，逃回晋州。

李元吉听说刘武周大军进逼，对司马（军政首席幕僚）刘德威说："你率领老弱守城，我率领精锐出战。"然后带着妻妾，在精锐骑兵保护下，奔回长安。当刘武周大军抵达，晋阳豪杰打开城门迎接，刘武周迁都晋阳，接着宋金刚攻陷晋州。一时间，河东地区（今山西省）的隋朝残余势力，以及据地称雄的起义军，都望风投靠刘武周。

这时，李世民主动请缨，李渊集结关中所有军队，交给李世民去对抗刘武周。李世民趁黄河结冰正坚，踏冰渡河，跟宋金刚对峙，发出号召文告，征集附近民粮，主力则坚壁不出，消耗宋金刚的锐气。

这期间发生了一个小插曲：李世民带骑兵到高处侦察敌情，骑兵散开，李世民身边只留一名随从，两人累了，居然双双入睡。这时，敌军从四面围了上来，李世民并未警醒，正巧一条蛇追赶一只老鼠，老鼠逃窜，撞到随从骑兵的脸，骑兵惊醒，两人立即跃上马背，狂奔百余步后，敌人追上来，李世民翻身射箭，一箭射杀了最领先的那员敌军将领，追兵于是撤退。

唐军将领都要求跟宋金刚决战，李世民力排众议，说："定杨可汗的精锐之师全部在这里，可是宋金刚的粮草全靠劫掠，难以持久。所以他盼望速战速决，而我们偏偏坚壁不战，等到粮尽计绝，他自然会逃走。现在应该等待机会，不应该寻求决战。"

两军对峙五个月，宋金刚粮尽，向北撤退，李世民展开追击。唐军接连得胜,一日一夜推进两百余里,部将刘弘基拉住李世民的马缰,劝阻说:"胜利功劳已经够大,不应该再涉险深入,等待大军集结,为时未晚。"

李世民说:"功劳难以建立,却容易丧失。宋金刚军心崩离,一定要趁现在将他一举击溃。如果让他完成戒备,我们将就此失去机会。"然后扬鞭催马,继续追击。

将士们不敢再说饥饿疲劳,终于在雀鼠谷(今山西灵石县汾水河谷)追上宋金刚主力,一天之内,八次会战都得胜,斩杀、俘虏数万人。此时宋金刚军队还有二万人,双方在陕州(今河南三门峡市陕州区)城外再作决战,李世民命李世勣先行出击,然后做计划性退却;宋金刚乘势进击,李世民的精锐骑兵在背后突击,宋金刚大败,轻骑逃走。

刘武周听说宋金刚兵败,大为惊恐,放弃晋阳,逃奔突厥。宋金刚收拾残兵,将士却已经不肯接受命令,宋金刚也只好逃奔突厥。两人后来都被突厥诛杀。而刘武周溃败后,突厥处罗可汗抵达晋阳,声称帮助唐军守卫州城,在每一个险要处留下军队后回防。

在李世民这两次军事胜利之间,中原局势发生了颠覆性的变化,李密和宇文化及先后败亡。

李密声势最高的时候,时人多半认为天下是李密的了,很多将领甚至劝他称帝。李渊晋阳起兵时,派人联络李密,李密以盟主口吻回信,邀李渊到河内(今河南沁阳市)一同盟誓。李渊心里偷笑,命人起草回信,表示愿意"攀龙鳞,附凤翼",唯恐李密不自大!

李密的势力膨胀,最大因素是他开仓放粮,聚集了百万饥饿的人民,也成为瓦岗军的兵源。但是洛口仓既没有设立警卫,也没有官员负责,任何人都可以进入搬运粮食,且没有数量限制。道路上遗留的米厚达数寸,任车马践踏;洛水两岸形成了白色沙滩,因为百姓洗米时不爱惜。李密对此却反而沾沾自喜,认为达到了孔子说的"足食,足兵,民信之矣"境界。

原本瓦岗军一再击败洛阳守军(王世充),但这时宇文化及率领的流浪政府与十万大军来到了中原,这一支原本就是隋军精锐之师,又是一心想回家的军队,《孙子兵法》说"归师勿遏",李密就刚好挡在他们回家的路上。几番冲撞之后,宇文化及没赢,转向绕道河北,后来被窦建德击败身死。可是,李密却因一次战术疏忽,被王世充击败,伤了元气。他不选择前往黎阳(今河南浚县),徐图卷土重来,而是前往关中投靠李渊。

赞

当时镇守黎阳地区的是徐世勣,也就是小说中"瓦岗诸葛亮徐茂公"的原型,他最先劝翟让将指挥权让给李密,也是他建议李密占据洛口仓开仓放粮。

可是他在瓦岗军声势高涨时"讽谏"李密，就被"外放"去镇守黎阳——这正是李密没选择去黎阳的原因，觉得没面子！

李密出身关陇集团的"八柱国"世家，豪门子弟常常把面子看得比什么都重要。对比一下，刘邦两次夺取韩信兵权，而能在败给项羽之后重振声势，就明白李密不能"得天命"有其原因。

李密投靠李渊，是心理上觉得比较安全（同为"八柱国"后代）。但事实上，对他讲义气的是徐世勣。徐世勣将黎阳地区的土地、兵马、财赋造册送去长安，由李密呈献给李渊！李渊非但不生徐世勣的气，反而赐姓李，此后就称他"李世勣"（前文提及李世勣参与李民与宋金刚之战）。

由对待徐世勣的不同态度，可看出李密不如李渊；再比较李密跟李世民，同为关陇集团豪族子弟，论对待将领、重视军粮、身先士卒，李密都差很远。

终于，李密不能忍受寄人篱下的日子，又想逃出长安，结果被追捕诛杀。而在瓦岗军溃散后，王世充接受傀儡皇帝杨侗的"禅让"，国号郑，中原成为他的势力范围；另外，击杀宇文化及的窦建德在河北崛起，自称夏王。黄河以北地区遂形成唐帝李渊、郑帝王世充和夏王窦建德三雄竞逐的局面。

李世民消灭刘武周后，李渊命令李世民领军进攻洛阳。

唐军五万兵力包围洛阳。李世民派出军队，切断洛阳所有粮食补给线，河南地区州县纷纷投降唐军，洛阳遂成为孤岛。然而，洛阳城却意外的坚强。郑军拥有长射程巨砲，可以发射五十斤巨石，射程两百步；又有可以连续发射八箭的强弩，射程五百步。加之王世充严密监控叛逃与灵活调度守城，洛阳城十几天不能攻克。

有将领提出撤退的建议，李世民不准，下令："不攻下洛阳，永不回军，胆敢提议班师者，斩！"洛阳城里缺粮食，米、盐价格飙涨，古董珍宝价格低贱如尘土。人口原本有三万家，此时只剩不到三千家，可是城防依然坚固。

王世充派人向夏王窦建德求援，他俩原本反目，但窦建德认为，唐军若灭了郑国，夏国必定唇亡齿寒，所以答应王世充出兵。夏军来势汹汹，唐军将领意见分为两派：一派主张"避其锋锐"，认为若受到内外夹击，情势不妙；另一派认为，王世充已经穷途末路，窦建德正好送上门来，只要击败窦建德，王世充一定投降。

李世民做出决定：留屈突通帮助弟弟李元吉继续包围洛阳城，自己率骁果（李世民亲自训练、亲自带领的精锐骑兵，一律黑衣黑甲，作战不离左右）三千五百骑，进入虎牢关，再度使用他最擅长的"疲敌"作战。夏军对虎牢关发动攻城，一个多月无法取胜，后勤补给线却不断被唐军骚扰、抄掠。然后李世民派细作散发消息："唐军的战马草料已经吃完，只得将马匹送到黄河北岸放牧。"并且真的留一千余匹战马在北岸吃草作诱饵。

窦建德中计了，大军尽出，连营二十里，战鼓声震天。唐军按兵不动，夏军列阵从辰时到午时（现代时钟七时到十三时），士卒饥饿疲倦交加，又相互争夺饮水，集体情绪不稳，有撤退的迹象。这时李世民下令出击，自己亲率骑兵直捣夏军阵营，贯穿敌阵后，主力军到达，前后夹击反复冲杀，夏军崩溃逃窜，唐军追击三十里，杀三千余人，窦建德坠马被生擒。夏军溃散，洛阳城守将绝望，献城投降。王世充换穿白衣，率领太子及百官两千余人到唐军营门投降。

李世民对趴在地上、汗流浃背的王世充说："你一向拿我当童子看，今天见了童子，为何这般恭敬啊！"

赞

"天命"的运气成分在本章很戏剧化。李世民因一只老鼠而免于被定杨军俘虏，但窦建德却因马失前蹄而被俘。

可是，"天命"的非运气成分也很尖锐。除了前文跟李密的比较，李世民还能在二十出头时将老谋深算的王世充"窒伏"——王世充称不上能战，却能够一再拖垮来犯的敌人，包括宇文及和李密，但李世民却能料准,一旦窦建德兵败,王世充一定投降。

当然,李世民用兵如神的功力更令人击节赞赏,包括宋老生、薛仁果、宋金刚、窦建德等勇将,都败在他的手下。

而真正让他"得天命"的特质,在他进入洛阳后展现:下令撤除端门楼、焚烧乾阳殿、摧毁各个门楼,那些都是隋炀帝奢侈纵欲的象征——执行转型正义,而不流连于宫室繁华。

虎牢之战后,黄河以北大致都纳入唐国版图。李世民凯旋,返抵长安,他本人身披黄金甲,李元吉和李世勣等二十五位将领紧随其后,铁骑万匹、甲士三万人,前后部鼓吹(军乐队),将俘虏(窦建德、王世充)和从东都带回来的御辇器物向太庙呈献,皇帝李渊亲自摆酒劳军。如此阵仗,却促发了皇家骨肉相残。

(四) 骨肉喋血

玄武门兵变

因着李世民所向皆捷,唐国几乎已经席卷了黄河以北地方,功劳着实太大,李渊此时加给李世民一个从前没有的勋号"天策上将",宣布他的位置在太子之下、所有王公之上——那其实只是一个虚名,因为李世民原本就在其他诸王之上。

然而,李世民的秦王府却有着其他诸王无法比拟的实力——人才鼎盛,而这些人才是起义以来历次行动所累积。攻下长安得到李靖,围攻洛阳得到秦叔宝(秦琼)、程知节

（程咬金），击败窦建德得到尉迟敬德（尉迟恭），以及随从征讨洛阳的李世勣；文臣则有房玄龄、杜如晦。

李世民的战功加上秦王府的实力，让太子李建成倍感威胁，同时也让老爸李渊觉得不能让李世民继续"膨胀"。

因此，当窦建德的余众再起，拥刘黑闼为汉王，河北震动时，李渊派李元吉挂帅征剿，而没让李世民去。偏偏李元吉不争气，唐军节节败退，最后还是得李世民出马。

李世民先打了一场胜仗，再使出老招，开始跟刘黑闼对峙，坚守不战两个月，只派出特遣队骚扰，并且切断汉军补给线，最后打听到汉军当晚举行酒宴，让李世勣领军突击，汉军大将落马阵亡。

然后跟刘黑闼主力对决，李世民事先派人在洺水上游筑坝，热战正酣时决开堤防，双方主力军都被淹没。李世民和主要将领提前抽身离开现场，但刘黑闼也发现有异而脱逃。那一仗，汉军被淹、被杀甚众，刘黑闼逃奔突厥，后来向突厥可汗借兵反攻。

可是，李渊却在洺水之役后召回李世民，将指挥权交给李元吉。刘黑闼反攻，由于唐军将领间意见不合，李元吉无法节制，唐军节节败退，刘黑闼旬月之间尽复窦建德的夏国故地。李元吉不敢前进。此时，太子洗马（近身官员）魏徵建议李建成争取领军出征河北，李渊批准，并授权陕、晋与河北、河南所有军队都归他指挥节制。终于，唐军在号令、步调齐一之后，逐渐收复城池，刘黑闼粮尽溃败被擒，李建成将他斩首。

李建成立此大功,回到长安,兄弟之间的斗争开始表面化,而大力怂恿李建成除掉李世民的是李元吉,他甚至在自己的齐王府暗藏刺客,想要趁宴席时刺杀李世民。可是当时李渊也在席间,李建成临时制止。

李元吉生气地说:"我可都是为了你,对我自己有什么好处?"

砚

诸多迹象显示,李建成其实并不那么积极想要除掉李世民,毕竟他已经是太子,站在"嫡长制"的优势地位。反而是李元吉不断怂恿,甚至说出"为了大哥,我不辞亲自动手"。

李元吉为什么那么"忠于"大哥,而痛恨二哥呢?应该不只是嫉妒二哥而已。

关陇集团从北周篡西魏,到隋篡北周,之后杨广夺嫡取代老哥的太子位子,集团中的忠君观念稀薄,更谈不上尊重嫡长制度。李元吉有争取太子的想法,可是他排行老四,前面还有个战功盖世的二哥,唯一机会就是借大哥之手除去二哥,最好他们两败俱伤,这应该才是李元吉积极帮助李建成的理由。

很难说，如果李建成始终采取保守策略，谨慎小心不犯错，李世民有没有理由发动兵变。

然后发生了杨文干案。

杨文干的官位是庆州（今甘肃庆阳市及宁夏回族自治区一带）都督，算不得什么角色。那一次，李渊带着李世民、李元吉上长安北方的仁智宫避暑，由李建成留守长安主持政务。李建成下令内府郎将尔朱焕与校尉桥公山运送铠甲去庆州，这两人走到半途，向皇帝告发"太子指使杨文干举兵"。与此同时，一个名叫杜凤举的人（背景不详）也到仁智宫向皇帝举发。李渊大怒，可是不动声色，用一个不相干的理由，下诏将李建成召来行宫。

可是李建成已经得到内线情报，大为恐惧，不知如何是好。有幕僚建议他占据京师举兵（公然叛变），也有幕僚建议他轻车简从去仁智宫请罪，李建成采纳了后者建议，只带了十余名骑兵卫士进入仁智宫。见到皇帝老爸，叩头谢罪，扑倒在地，几乎气绝。

李渊怒气不歇，当晚将李建成留置在宫中地上，严加看守，只给他麦饭吃。另外派人去召唤杨文干，杨文干得悉情报，就起兵造反了。

李渊一面派人前往平乱，一面找来李世民商讨军情。

李世民说："杨文干不成大患，我研判他会被部下诛杀，即使不会，派个将领去平乱也就行了。"

李渊说："不，杨文干这件事关系到建成，（太子造反）恐怕会有很多人附和，你应该自己去一趟，回来后我让你当太子。我不会像隋文帝那样，害死自己的儿子（杨勇），我会封他为蜀王。巴蜀军队脆弱，你尽量保全他的性命，如果将来他不服从你，你要制服他也很容易！"

砚

这是李渊第二次对李世民说要让他当太子，第一次是晋阳起义之后。那一次他说："大事如果成功，都是你的功劳，当然立你为太子。"

但同时看出李渊的心情矛盾：在晋阳时他想不想当皇帝？不想才怪。关陇集团各家族之间，由于相互通婚而关系密切，发生篡夺反正都是"自己人"，各家既得利益不变。因此而产生两种思考：一是"谁当皇帝都一样"，一是"他撑不住场面，那我来当好了"。

之前的杨玄感跟李密属于后者，跟项羽说"彼可取而代也"相近；李渊则属于前者，爵位已经是唐公，没绝对把握不冒险。所以，李渊看着隋朝天下糜烂，仍然只能"闷骚"，而撩拨这股"闷骚"使其化为行动的是李世民,泰半强敌也是李世民平定,天下几乎可以说是李世民打下来的。可是从国家安定的角度想,嫡长制还是比较能够维稳,隋文帝杨坚废太子把国家搞垮的前车之鉴,更如在眼前。

同时,李建成轻车简从来到仁智宫,也显示他心里真的没有鬼——或许杨文干叛变并不是李建成指使的。

因此,李渊的态度变得很快,李世民出发没多久,李渊就命李建成再回京师留守,不再追究谋反之事,只责备兄弟不睦,并且同时处分了太子宫和天策府几位官员。(史书并未记载李渊获得什么新的事证而推翻太子谋反的指控。)

杨文干事件之后,又发生了"胡马事件"。

李渊到长安城南打猎,李建成、李世民、李元吉都随同。李建成有一匹胡马非常强壮,可是奔跑时常会跌跤,他将胡马交给李世民,说:"此马能跃过数丈宽的沟涧,你精于骑术,试试看。"

李世民骑上胡马,追逐野鹿,果然蹶倒。他从马背上跃下数步,等马站起,再骑上追逐,如此三次。

李世民回头对宇文士及说:"他想害我,死生有命,哪能伤得到我!"

李建成听说此语,反而透过李渊的后宫妃嫔打小报告:

"秦王宣称'我有天命,怎么可能轻易死掉'。"

李渊大怒,将三兄弟都叫进宫中,责备李世民:"天子自有天命,不是用智力可以强求的,你为何那么急切!"

李世民脱下冠帽叩头,请求交付司法调查真相。

当时李渊怒气未解,却刚巧有战报进来,说突厥入侵。李渊瞬间改变脸色,出言慰劳李世民,父子一同商讨军事。之后,派李世民、李元吉率军出征突厥。

之后,又发生毒酒事件。

李建成请李世民参加夜宴,李世民饮酒后,突然心痛如绞,呕血数升。

李渊得到消息,亲自赶到西宫(李世民住处)探问,对李世民说:"最先提出伟大计划的是你,削平海内的也是你,我曾经要立你为太子,是你坚决辞让。而建成先当(唐王)世子,再当太子,时日已久,我不忍心剥夺他的地位。如今看你们兄弟不能兼容,同时留在京师必然出事。我想派你去洛阳,自陕州以东都由你做主,并准许你使用天子旌旗。"

李世民将要出发了,李建成和李元吉想想不对,如果让李世民掌握半壁江山,自己将来肯定不是他的对手,于是发动朝臣与嫔妃向李渊陈诉利害,李渊遂又收回成命。

李建成和李元吉计划翦除李世民的羽翼,一方面推荐房玄龄、杜如晦离开京师担任地方官,另一方面借突厥入侵,李建成建议由李元吉代替李世民出征,但是调用秦王府的尉迟敬德、程知节、秦叔宝、段志玄等主要将领随军。这个动作让秦王府这边的危机意识拉到最高点,所有人都主张先下手为强。

李世民命人卜卦,幕僚张公谨刚好从外面进来,抓起龟壳投到地上,说:"卜以决疑,如今事态明确,毫无疑问,还卜什么卦!如果卜卦结果不吉,难道就停止了吗?"李世民于是下决心动手。

两天后,天见异象"太白经天":太白就是金星,平常日出后星斗隐去,那一天金星却在正午时也能被看见。太史令傅奕密奏:"太白出现在'秦州'(古人将天空依中国的九州分界),秦王当有天下。"

李渊将这份密奏给李世民看。

李世民当然知道傅奕是太子一党,借天象进谗,于是迅速提出反击,向皇帝老爸告状"建成、元吉淫乱后宫"。

李渊大惊,告诉李世民:"明天大家当面对质问清楚,你最好早点来。"

觋

李世民这一记打中了要害:李渊本人"淫乱"过晋阳宫人(隋炀帝的女人),建成、元吉确实经常透过后宫嫔妃打世民的小报告,难道真有奸情?

遇到这类事情,李渊的处理模式是"大家当面讲清楚",而李世民完全清楚,这样才可能让李建成和李元吉同一时间出现在同一场合——显然这是秦王阵营设想好的计谋,包括用淫乱后宫做题目,以及发动兵变的地点与程序,傅奕的密奏其实是"送上门来"。

第二天一早,李世民在玄武门设下伏兵(玄武门的守将显然"刚好"是秦王系统)。果然李建成和李元吉一同过玄武门往海池——李渊约了宰相们在那里集合,目的应该是当兄弟说清楚、讲明白时,所有宰相都是见证人。

两兄弟发觉情况不对,调转马头想要奔回东宫(太子住东宫,那里有李建成的军队),李世民一箭射死李建成,尉迟敬德射死李元吉,太子手下的将领率东宫、齐王府军队二千人攻打玄武门,负责守门的张公谨力大无穷,闭门抗拒。对方通不过,扬言要回头攻击秦王府,这时,尉迟敬德提着李建成与李元吉的人头上城楼示众,太子宫与齐王府军队于是一哄而散。

正在海池泛舟等待朝会的李渊,看见全副武装的尉迟敬德直入宫殿,大惊,问:"你怎么来了!"

尉迟敬德回复:"太子与齐王作乱,秦王已将他们诛杀。恐怕惊动陛下,派我前来保驾。"

李渊问裴寂:"没想到会这样,该怎么办?"

萧瑀跟陈叔达两位亲李世民的宰相立即进言:"建成、元吉既没有参与起义行动,对廓清天下又没太多功劳,如今秦王已经将他们讨灭,秦王功盖宇宙、率土归心,陛下如果立他为太子,将国事交付给他,就不会再有事情了。"

李渊说:"说得好,这正是我的心愿。"于是下令各军停止战斗,全部接受秦王指挥,并召见李世民,摸头安慰。

李世民跪在老爸面前,脸贴着胸"吮乳",哭号久久不停。

李渊封李世民为皇太子,并下诏:"从现在起,有关军国无论大小事,都由太子裁决,然后奏报。"

赞

儒家史学家总是认为,玄武门兵变是唐太宗道德上的瑕疵,不能避免禁门(宫城内门)喋血,至为可惜。

然而,这一场皇室骨肉相残事实上无法避免,那是李世民成为太子的唯一途径。史书对李建成和李元吉如何进谗,甚至设局陷害李世民,记载很多,可是对李世民如何对付哥哥、弟弟,却只记载了玄武门事件,就好像足球赛只有临门一脚,而没有中间过程一样突兀。

李渊如果事前知道会有这样的事情发生,肯定会将李世民"处理掉",所以他对裴寂说"没想到",是真的没想到。如今既然事情已经发生,而尉迟敬德能全副武装进到他面前,那表示外面肯定完全在李世民控制之下,他只能识相地封李世民为太子,并且在一个月后宣布退位。

从人民的角度看,这个宫廷骨肉喋血事件的结果是好的,因为随之而来的是贞观之治,这可能是古代中国人最幸福的时间段之一;从民族的角度来看,也是好的,因为李世民后来成为"天可汗",是中国历史上最风光的时代之一。

(五) 天可汗

中华夷狄，爱之如一

李世民登基第十六天，东突厥入寇关中，四天后大军进抵长安城外渭水北岸，二十万大军列阵扎营，京师人心震动。

突厥颉利可汗派出使节晋见唐朝皇帝，夸言"百万大军今天已经到了"。唐太宗开口训斥突厥使节："我跟你们可汗曾经当面和解，我方馈赠金帛无以计数，可是你们可汗却背叛盟约入侵。在我是问心无愧，可是你们怎能将恩德全部忘掉？我今天就先砍你脑袋！"

吓得使节一再恳求饶命，旁边两位仆射（实质宰相）也帮他求情，而唐太宗说："我现在如果放他回去，对方一定以为我怕了，会更放肆。"便将使节囚禁起来。

突厥在南北朝时期崛起，纵横于北方草原与沙漠地带，隋文帝时采取分化政策，维持北方无事。隋末天下大乱时期，虽然突厥分裂为东西二部，但东突厥却是当时北方最强势力，薛举、刘武周、梁师都等都向可汗俯首称臣，也得到突厥兵援。李渊虽然没有称臣，却不时纳贡、买马，而李世民本人曾经领军跟颉利可汗作战、媾和，所以有上述说法。

无论如何，对方已经兵临城下，此时称臣纳贡肯定不是办法，而李世民的对策是"心理突击"。

原本紧闭的长安城门开启，率先出城的是皇帝李世民本人，后面只跟了高士廉、房玄龄等六骑（都是宰相等级的文臣），径往渭水便桥而来，隔着渭水跟颉利对话，指责他违背盟约。突厥人大惊，纷纷下马遥拜。一会儿，唐军相继出现，旌甲遍野。

颉利见使节没回来，唐太宗轻骑挺身而出，后面军容颇盛，开始露出惧意。唐太宗下令诸军稍稍后退布阵，独自一人在前面跟颉利对话，颉利请求派使节谈和，唐太宗允许，随即回宫。

两天后，唐太宗跟颉利可汗在便桥上斩白马盟誓，突厥退兵。当然，唐朝给了很多金帛，让突厥满意地回去，但那也是唐朝面对东突厥的最后一次屈辱。

觇

便桥上,左仆射萧瑀曾经试图拦阻皇帝涉险,唐太宗对他说:"突厥以为我们国家政治动荡(玄武门兵变,皇帝换人)不稳,才敢倾国而来。如果我闭门拒守,颉利一定会纵兵大掠,无法控制。所以我在态度上轻视他,又展示军容表示不畏战,心理上出其不意,和局就好谈了。你看着吧!"

突厥退兵后,萧瑀又问:"突厥请和时,诸将争着请战,陛下不许,是什么道理?"唐太宗说:"我当然可以在他们撤退的路上发动突袭,可是国家没安定,百姓还没富足,现在不宜发动战争。姑且卷甲韬戈,等待时机。"

唐太宗的思考深远:突厥得到金帛,满意离去,此时发动伏兵突袭,当然容易成功,可是就此结下深仇,突厥回去整军经武再来,唐朝可就没有安宁日子了。也就是说,李世民并非只要眼前过关就好,他一方面让颉利轻忽,一方面准备雪耻反攻。

三年后,唐太宗派李靖和李勣(即徐世勣,先前赐姓李,改称李世勣。李世民当了皇帝后,为避皇帝名讳而拿掉"世"字,改称李勣)等率军十余万讨伐东突厥。

李靖率三千骑兵从马邑（今山西朔州市）出塞，趁夜突袭定襄（今内蒙古呼和浩特市所辖和林格尔县），迅速攻破。颉利可汗完全没料到这种状况，说："如果唐军不是举国动员，李靖岂敢孤军深入到此！"急忙将牙帐（中央政府）北移。

李靖乘胜追击，一连击败颉利可汗数阵，直追到阴山（河套平原的北方天然屏障）。颉利则一路撤退到铁山（阴山之北的大漠南缘），部队仍有数万人，紧急派出使节前往长安，向唐太宗表达愿意归附，自己也愿意入朝。唐太宗派鸿胪卿（掌管藩族事务）唐俭前往抚慰，同时下诏李靖率军迎接颉利可汗。

李靖跟李勣率领的另一支远征军在白道（在今呼和浩特市东北）会师，李勣对李靖说："颉利的实力仍强，如果让他穿过瀚海，遁走漠北，我们就永远追不到了。如今钦差正在他那里，他们的警戒一定松懈，如果以一万精锐骑兵，携带二十天口粮，进行突袭，不用战斗就可以将颉利擒获。"

李靖听了他这番话，激动地握住他的手，说："你这是跟韩信攻齐一样的计谋啊！"楚汉争霸时，刘邦命韩信攻齐，同时又派郦食其去游说齐王，齐王答应归附而不备，遭韩信突击，烹杀郦食其后逃亡。可是唐俭并未如郦食其一样被"烹"，他可能猜到李靖会效法韩信，所以趁乱逃回。

于是李靖利用大雾掩护，挺进到距离颉利可汗牙帐七里处才被发觉，突厥军溃散，颉利骑一匹千里马逃走，却在碛口（进入沙漠的入口）被早就埋伏在那里的唐军擒获，俘虏五万余人。经此一役,四夷君长推戴唐太宗为"天可汗",意思是天下所有可汗的可汗,大唐天子行文西域诸国此后都钤"天可汗"印记。

李世民决定永久解决东突厥问题,将东突厥投降的部落十万余口安置在塞内边区,突厥诸大将、首领等官拜五品以上者一百多人,突厥人入居长安者近万家,随之而至的是四方使节与商人。唐朝国都长安大约是清末西安城缘的八倍大,先后来朝者四十八国。

赞

中国古代历史上朝代性格最"外向"的当推唐朝,其实从隋朝就已经有很多西北民族到长安(隋时称大兴)经商通使,这也是"关陇集团"胡汉通婚造就的立国基因。

颉利被押送到长安那一天,太上皇李渊召唤皇帝儿子、诸王、妃、公主及高级官员十余人,在凌烟阁摆筵庆祝,"酒酣,上皇自弹琵琶,上起舞"——李渊会弹琵琶,李世民会跳胡舞,这在关陇集团里应该是常见场面,而重点在于整个当权执政集团都非常包容多元文化。

当然,天可汗不可能全仗"以德服人",武力才是最重要的后盾。

东突厥一蹶不振,草原上的空间迅速由铁勒族薛延陀部填补,与唐朝时而合作、时而对抗,唐太宗命李勣讨伐薛延陀,指示"降则抚之,叛则讨之",最终薛延陀一再兵败后分裂,叛者败亡被杀,降者率众内附,薛延陀灭亡。

之后是吐谷浑(今青海),先后由段志玄、李靖、侯君集领军讨伐,击败不服的可汗慕容伏允,立一个傀儡政权慕容顺,后来被吐蕃攻灭。

吐蕃主要在青藏高原活动,唐太宗时吐蕃攻击吐谷浑和党项诸羌(都在今青海),太宗先派侯君集讨伐,然后采和亲政策,文成公主嫁给当时的赞普(吐蕃王号)弃宗弄赞(松赞干布),维持了三十年和平。

在这些"四夷"当中,值得多费些笔墨的是高昌。高昌在今天的新疆吐鲁番,是西汉时期最早的屯田区,两汉时都称车师;十六国时期,北凉不敌北魏,将敦煌数万汉族百姓强制移民到高昌,赶走了车师政权,又经过多次政变和战争,城头变换大王旗,转变成为一个汉人王国(阚姓、张姓、马姓);南北朝时麹氏为王,到唐太宗时,麹氏高昌已经有一百六十多年国祚。

贞观年间,玄奘往印度取经,回到中国,唐太宗亲自召见,并且以政府的力量帮助他翻译佛经,当时长安城里还有景教、袄教、摩尼教等外来宗教的寺院——这是题外话，但也不是。玄奘去印度时，并非如《西游记》所写，得到唐太宗的大力支持，反而是在西域得到高昌国王麴文泰的资助。麴文泰提供给玄奘丰厚的金钱、马匹、随从小沙弥以及生活用品，乃至送给西突厥可汗的礼物。两人更结为兄弟，相约玄奘学成归来，必须在高昌停留三年，讲经说法。

玄奘离开高昌后，西域的国际情势却发生了变化：西突厥统叶护可汗病逝，继承人彼此不服，演成内战。"天可汗"降诏要他们停战，但事实上暗助其中一方，偏偏敌对方获得胜利，而高昌跟胜利方站在同一线。唐太宗于是决定派出远征军，以维持"天可汗"的威信。侯君集率领的唐军加上突厥兵与铁勒兵总数约二十万，高昌全国人口才三万七千人，当联军穿过大戈壁，出现在碛口时，麴文泰"忧惧不知所为"，发病而死——玄奘三年后才启程回中国，没能再见到这位御兄（《西游记》里的御兄是唐太宗）。

高昌新王麴智盛向侯君集投降，可是该怎么善后？

魏徵建议唐太宗，让麴智盛继续当高昌王，可以减少国家的费用。可是唐太宗这次没采纳魏徵的意见，改高昌为西州，纳入新设立的安西都护府之下，开始在西域驻军镇守。这个战略决定在盛唐时期确实压制了西突厥的势力扩张，维持了"天可汗"的威信。

天可汗唯一一次败绩是远征高句丽，但跟隋炀帝征高句丽只是为满足个人好大喜功不同，唐太宗征高句丽是因为高句丽跟百济联合,切断了新罗跟大唐间的贸易通道。天可汗派出使者,调停朝鲜半岛上这三个国家间的纷争,可是高句丽跟百济不理会,天可汗只好出兵,却"六旬不能攻克",无功而返。

唐太宗晚年还在感叹"以天下之众,困于小夷",而用这样一次失败来结束他的戎马生涯,不亦悲夫!

赞

唐太宗从高句丽败回长安,慨叹:"如果魏徵还在世,一定不会让我有此失败。"这番话跟曹操在赤壁之战后说的相仿,但是意思完全不同。曹操是认为,郭嘉若仍在世,应该会让他改变战略(先取益州)而获胜;李世民则是认为,魏徵可以谏阻他远征高句丽。

李世民曾经评论自己,他能够收服戎、狄,"取古人所不能取,臣古人所不能臣",根本的原因是"顺众人之所欲"。也就是不强迫其他部族违反本性,"因人之心,顺地之势,与民同利"。他说:"自古皆贵中华,贱夷狄,朕独爱之如一,故其种落皆依朕如父母。"这是他能够成为天可汗的条件。

然而,李世民有自己的能力、魅力,可以让"四夷宾服",但是他却没有建立一个制度,让大唐帝国后来的皇帝能够更久远地做"天可汗"。反而是唐太宗用了很多番将,让很多草原民族迁入长城内,间接造成后来的"安史之乱",这恐怕是他始料所未及的了。

(六) 贞观之治

水能载舟，亦能覆舟

四夷君长向唐太宗上"天可汗"那一年，大唐帝国也迎来第一个丰年——贞观元年关中闹饥荒，二年全国多处蝗灾，三年关中水灾，第四年才"天下大稔（稔，谷熟；大稔，丰收）"，贞观之治可以说是从贞观四年开始。

对老百姓而言，颉利成擒的军事胜利相较于内政上的成就，不过是锦上添花而已。流散者都回到乡里，米价一斗不过三四钱，全年判死刑者仅二十九人；东到大海，南到武岭，都外户不闭；行旅千里可以不带粮食，途中不愁买不到食物。这是贞观之治的社会剪影,用今天的语言来说:人民安居、物价低廉、社会祥和、治安良好、物资不缺,老百姓夫复何求!

唐太宗当时对长孙无忌(长孙皇后的哥哥,宰相之一)说:"贞观之初,有人建议我总揽权威,以刑罚治国,而且要对四夷展现武力。唯独魏徵劝我偃武修文,认为只要中国安定,四夷自然顺服。我采纳了魏徵的意见,乃有今天的成果,只遗憾封德彝没能看见!"

这番话说的是唐太宗刚即位时的一次"御前辩论"。

唐太宗对群臣说:"国家经过大乱之后,恐怕老百姓不容易教化。"

魏徵说:"不是这样,老百姓安逸久了反而难教,经过战乱之后的愁苦百姓容易教化,犹如饥饿的人容易喂饱(不挑食)。"

封德彝出面反对:"三代以下,人性渐渐恶化,秦代用刑罚,汉代王霸兼用,不是不想教化,而是纯用教化无法治理人心。魏徵是书生之见,不识时务,如果采纳他那一套,国家恐怕败坏。"

魏徵反驳:"每一代有一代的治理方法,因此大乱之后常有大治。如果说上古以来人心持续不断恶化,那今人岂不都成为鬼魅了?"

唐太宗最后决定采纳魏徵的意见。

赞

这个辩论过程,似乎是《贞观政要》里最普遍的君臣对话场景,然以其发生于贞观元年,因此意义深远。

封德彝当时官居右仆射,等同首席宰相。他是关陇集团的核心分子,最初在隋炀帝身边,后来跟随宇文化及流窜;投靠李渊后,游走于李建成和李世民之间,但李世民即位为唐太宗,仍然予以高位——他是"永远的执政党"。

关陇集团的基本价值观是崇尚强权,谁的拳头大、枪杆子多就当老大,他们完全不吃"教化"这一套。而魏徵是钜鹿(今河北巨鹿县)人,被归于关东、山东的汉人儒家一派。魏徵跟封德彝的论战,等于是唐朝廷的两条路线之争,魏徵一个人要对抗整个关陇集团。

唐太宗最后采纳魏徵的路线,其实需要很大的决心与抗压性(抵挡关陇集团的压力),所以才有"遗憾没能让封德彝看见"这种语气。

魏徵跟唐太宗的另一次对话,则充分展现了唐太宗的"英明"。

唐太宗即位不久，岭南州府上告"高州总管冯盎（隋末曾经割据岭南八州的军阀）叛变"达十余次，太宗决定派右武卫大将军蔺谟等将领动员江南道、岭南道数十州兵马前往镇压。

都已经箭在弦上了，魏徵却表示不同意见，认为冯盎"反状未成，未宜动众"。

太宗问："怎么说？"

魏徵说："冯盎如果真造反，必定分兵据险，攻掠州县。如今告他造反的报告已经很多且很久了，却没有报告说冯盎的兵马攻打了哪些县城，显示他并非真正造反。各州县告他状，陛下又不派遣使节前往安抚，他畏死，所以不敢入朝。如果派出亲信大臣示以至诚，必定可以不动干戈而免除战事。"

于是唐太宗派出使节前往岭南宣抚，冯盎随即命儿子冯智戴随使者到长安朝觐（交出人质以示忠诚）。唐太宗说："魏徵这个建议胜过十万大军啊！"

四年后，岭南僚人造反，拥众数万，冯盎以自己所掌控的军队二万人平定之——魏徵当初的建议等于为唐朝又添了十万大军！

赞

魏徵这一次"对抗"的是已经整装待发的军方，难度更高（出征对将领而言等同发大财）。唐太宗在听了魏徵的分析之后，有足够的智慧立即领悟"我被那些地方官蒙了"，而且能立即收回成命，改弦易辙，不怕被将领认为"皇帝耳根子软，轻易更改成命"。

所以称他"英明"：英就是知错的睿智，明就是分辨黑白的能力。

事实上，整个"贞观之治"就建筑在唐太宗的英明上面。所谓"君明臣直"，君不明，臣哪敢直？

直臣碰上昏君只有一个下场——脑袋搬家。

历史上常将唐太宗与汉武帝并称，他俩最大的差别在于：汉武帝完全承袭父祖留下来的基业（文景之治），而唐太宗经历了打天下的艰辛过程。

此所以《贞观政要》中，唐太宗第一句就是"为君之道，必须先存百姓"，这在汉武帝身上是看不到的。此亦所以在渭水桥与颉利可汗对话之后，颉利贡献马三千、羊万头，可是太宗不接受，却要求突厥放归被掳去的人口。

到贞观三年，从塞外等地返还的人口计有一百二十万之多——唐太宗深切明白人口是生产的基础，而人心是团结的基础，他能接受"水能载舟，亦能覆舟"的说法，而汉武帝不可能。

唐太宗说："当皇帝让人民幸福，人民就会拥护他，皇帝如果让人民痛苦，就会遭人心背弃而垮台，个中道理值得敬畏。"

魏徵回答："国君好比船，人民好比水。水能载舟，也能覆舟。陛下认为这道理值得敬畏，确实英明。"

贞观名臣虽多，但几乎只成就了一个魏徵。事实上，是唐太宗选中了魏徵，而魏徵也够聪明，能够"配合演出"，成就了李世民的千古明君形象。

说一下魏徵来历，他堪称隋末逐鹿大戏中的"跳槽冠军"：历事元宝藏、李密、李渊、窦建德、李建成，李世民的"敌阵营"他几乎都待过了。或许就是这个缘故，玄武门兵变之后，李世民质问魏徵，魏徵的回答几乎是豁出去的。

当李建成还是太子时，魏徵担任洗马（太子侍从官员），好几次劝太子"及早除去秦王"，等到玄武门兵变后，李世民当了太子，把魏徵叫来，质问他："你为什么离间我们兄弟感情！"魏徵举止如常，说："先太子（李建成）如果早听我的话，就不会遭到今天的祸事。"李世民一向敬重魏徵的才能，闻言改变态度，以礼待之，聘他为詹事府（总管太子宫事务）文书主管。

就在那一刻，魏徵发现"李世民需要他"，而且领悟李世民需要他扮演特定角色，于是倾力配合演出。

赞

李世民需要一个帮他建立自己大度容谏形象的臣子，而魏徵过去一直是"敌人"，且跟关陇集团完全没有关系，如此条件是房玄龄、杜如晦都不具备的。

也就是说，李世民透过魏徵，赢得了历史名声。这一点，曹操也很想要，可是曹操没有一个"魏徵"，或者说，曹操的智慧不及李世民，没有刻意制造一个。重点更在于，李世民建立了一个"天命"，而曹操没有。

当然，不能因此而否定李世民的英明与贞观之治的伟大，毕竟那是中国历史上，人民最幸福又最具光荣感的时期之一。

【原典精华】

太宗谓侍臣曰："……「可爱非君,可畏非民。」天子者,有道则人推而为主,无道则人弃而不用,诚可畏也。"魏徵对曰:"……「君,舟也;人,水也。水能载舟,亦能覆舟。」陛下以为可畏,诚如圣旨。"

——《贞观政要·政体》

【原典精华】

初,洗马魏徵常劝太子建成早除秦王,及建成败,世民召徵谓曰:"汝何为离间我兄弟!"众为之危惧。徵举止自若,对曰:"先太子早从徵言,必无今日之祸。"世民素重其才,改容礼之,引为詹事主簿。

——《资治通鉴·唐纪七》

卷五

赤贫阶级得天命

明太祖朱元璋

——"若天命在我,固自有时,毋庸汲汲也!"

朱元璋和刘邦经常被相提并论，除了他俩是同乡（朱元璋出生于濠州钟离，今安徽凤阳，但祖籍是沛县），还说他俩都是"无产阶级"得天下。然而，刘邦家里其实有产，只不过他不事生产而已；朱元璋则是赤贫阶级，父亲朱五四流离好几个地方，到了钟离才定居，家中贫无立足之地，朱元璋为了吃饭，投靠皇觉寺当小沙弥。此所以刘邦的阶级性格是江湖气（豪爽），而朱元璋的阶级性格是贫民气（仇恨）。

在他之前，因着人民的仇恨而当上皇帝的是黄巢，但朱元璋远远超越黄巢，他不但打败逐鹿群雄，还赶走元朝蒙古统治者，更亲自规划了大明王朝的制度。后面这一点，朱元璋不但超越刘邦，更远胜刘秀（因袭西汉制度）、曹操（沿袭东汉体制）、李世民（承袭北周、隋朝执政集团）。

然而，不像刘邦的对手很多都是战国时的贵族或士阶级后人，朱元璋的对手几乎全都是平民，而那是元朝的制度使然。元朝将社会阶级分为四等：蒙古人、色目人（西域各部族)、汉人(北方受过辽、金统治)、南人(南宋统治范围);将职业分十等:一官、二吏、三僧、四道、五医、六工、七猎、八民、九儒、十丐。亦即造反的全都是"低等人",且只有三等以后的职业造反,没有所谓"高门第"可以号召群众,知识分子也完全没有社会影响力——朱元璋必须识得好坏(包括人才与意见的好坏),甚至自己设想规划(包括战略与执行)。

史家常以"诛杀功臣"为刘邦与朱元璋两人的相同点,当然他俩跟宋太祖赵匡胤"杯酒释兵权"的宽仁作风截然不同,但在这点还是有程度上的差异:刘邦杀了异姓诸"王"(韩信、彭越、英布等),可是他跟异姓诸"侯"订了白马之盟,基本概念是"分润";可是朱元璋把跟他一起打天下的功臣几乎杀光了(得享天年的只有一个汤和,常遇春早死不论),基本概念是"独享"。

朱元璋屡兴大狱,也跟他的赤贫出身有关系。由于幼年与少年期的经验,他对老百姓生活疾苦特别敏感,每攻下一地,总是先减免当地赋税,同时要求官吏不可法网太密,对贪官污吏更是特别痛恨。

一位非常能干的官员开济,其他人干不好的事,不论田赋、狱讼、工役、河渠,到他手上就搞定。他的本职是刑部尚书,一个太精明能干的司法首长,免不了会"议法巧密",也就是成为一位酷吏。朱元璋爱其才,却不乐见他用法过于深刻,因此对开济说:"竭泽而渔会伤及鱼苗,焚烧山林开垦农田会伤及幼小的鸟兽,司法太过苛密,老百姓怎么受得了?这不是我想要的。"可是开济非但没有改变作风,还做出一件大坏事:收贿纵放罪犯,用另一位死囚顶替,被狱吏揭发,竟然将那位狱吏打死!这下朱元璋不饶他,下诏处死。

另一件事可见朱元璋跟本书前面几位开国君王的不同。

> (下令曰)曩以民间造酒醴,糜费米麦,故行禁酒之令。今春米麦价稍平,予以为颇有益于民,然不塞其源而欲遏其流,不可也。其令农民今岁无得种秫,以塞造酒之源。①

简单说,朱元璋为了让米麦尽量用于让大众吃饱,而下禁酒令,可是私酿之风却始终难以遏制,所以下令不许种"秫"。秫是一种专门用来酿酒的高粱,为什么不准种秫能够"塞其源"呢?因为取缔私酿不容易,可是秫种在田里,藏不了,禁之容易,农民不种秫就"塞"了高粱酒的"源"。毕竟用米麦酿酒成本较高,酿酒器具不酿高粱酒,民众购置的意愿就低了,而减少酿酒器具,禁酒令就成功了一半,田里都种米麦乃可以尽量供应人民和军队粮食——皇帝管到了执行细节,是因为朱元璋知道农民大众的生活实况,这在曹操、李世民那种君王身上是不会发生的。

---

① 《明太祖实录》

这样一位"赤脚革命英雄",打天下或不难,治天下的本事又打哪来?来自读书。史载明太祖"身在行间,手不辍书",也就是戎马倥偬近二十年(从投军到元顺帝北遁),他总是利用各种时间读书。

觇

一个吃饭都成问题的小和尚,为了吃饭而投军,怎么可能手不辍书?打仗是很累的,驱赴战场分秒必争,行军更不是远足,得时时警戒;一旦开战,敌我你死我活,既要专注又耗费体力;战斗结束时,累都累死了,哪还有心思读书?即使后来成为领袖,只要指挥,不必厮杀,但责任更重而心理负担更大,休息时又哪还有心情读书?

可是朱元璋做到了,而且凭着自修得来的知识,日后亲手建立大明王朝的制度,其中看得出有他独到的使命感和周密巧思。因此我们有理由相信:那个投军小和尚自始就怀有大志。

这一点又跟刘邦不一样了:刘邦说"大丈夫当如是也"的心态,如马援说的"无可无不可"(成败都不在乎),但朱元璋的企图心明显高过刘邦——他既然投军就要争天下,而且一直在为得天下以后做准备。

《明史》中对于朱元璋的"天命"记载很多，最具代表性的两则是常遇春和刘基（刘伯温）的追随。

常遇春年轻时参加刘聚的盗匪集团，有一天在田间假寐，梦见有一个披着金甲、手持盾牌的神人对着他喊："起来，起来，主君来了！"常遇春醒来，刚好看到朱元璋和随从骑马到来，就此追随。

刘基是元朝的进士，元朝不但将人民分成四等，考试录取也将蒙古、色目，跟汉人、南人分开。而汉人、南人在数量上占大多数，但进士录取名额却是一样的，也就是说，刘基属于第一等人才。然而，这位第一等人才却不甘愿屈居元朝小官，宁愿放情于江湖。有一次，他跟朋友同游杭州西湖，看见西北方天空"起异云"，刘基说："这是天子气，十年后会应在金陵，我将辅佐他。"

当时元朝还没有衰象，杭州仍然一派富庶盛况，朋友都为他的反动言论"大骇"，当他随口乱讲。然而，当朱元璋攻下应天（今江苏南京，也称金陵、建康、集庆）后，刘基就前往投效。

这两个故事有开国元勋的背书，所以载入史册，成为朱元璋有"天命"的佐证。可是朱元璋本人反而很务实，虽然他企图心十足，打开始就想到要为治天下做好准备，但是在击败强敌陈友谅之后，环顾南方已经没有强劲对手，李善长（当时朱元璋是吴王，李善长是相国）率诸臣劝进称帝，朱元璋说："若天命在我，固自有时，毋庸汲汲也！"时机到了，自然水到渠成,不必汲汲营营。

另一个故事也显示朱元璋对"天命"的态度是务实的。

第一次击败陈友谅,诸将都主张乘胜追击,直捣武昌(陈友谅大本营)。当时战报传来,小明王在安丰城(今安徽寿县境内)受到张士诚的急攻,朱元璋率诸将前往救援,刘基力谏,不听,结果陈友谅大军二次重来,朱元璋不得不脱离东线战场,赶去鄱阳湖跟陈友谅决战。所幸鄱阳湖之战得胜,陈友谅死于流矢。

朱元璋对刘基说:"我不该去安丰,给了陈友谅机会,两面作战进退失据,差一点大势去矣。幸好陈友谅不攻建康,却攻南昌,他采取了下策,因此败亡。于是我知道'天命有所归'矣!"也就是说,他认为决策正确才是大事成功的先决条件,而运气只是充分条件,两者加起来才是"天命"。

赞

朱元璋对刘基说这话,等于是向他承认先前"没听你谏言"的错误。这跟刘邦在白登之战脱险后,向娄敬认错"悔不听先生之言",是一样的领袖特质。

而他跟刘邦一样,为了保护自己打下来的天下而诛杀功臣,也得到和刘邦一样的后果:西汉后来发生七国之乱,是刘姓藩王叛变;明朝发生靖难之变,也是朱姓藩王叛变。虽然前者造反失败，而后者造反成功，但明朝终究还是朱氏子孙的天下。一个新的"天命"就此确立。

朱元璋从赤贫到皇帝的过程，可以用大自然来比喻：一场森林大火之后，焦土上开始冒出各种新芽，会有一个树种打败所有树木，形成一片新的森林——起源只是一粒种子，而朱元璋就是大明王朝的那粒"种子"。

易言之，元朝后期的暴政、劣政使得当时中国社会成为一片焦土，无论如何都会"冒出新芽"。当时的"焦土"状况如何？朱元璋又如何"冒出"？且看下章。

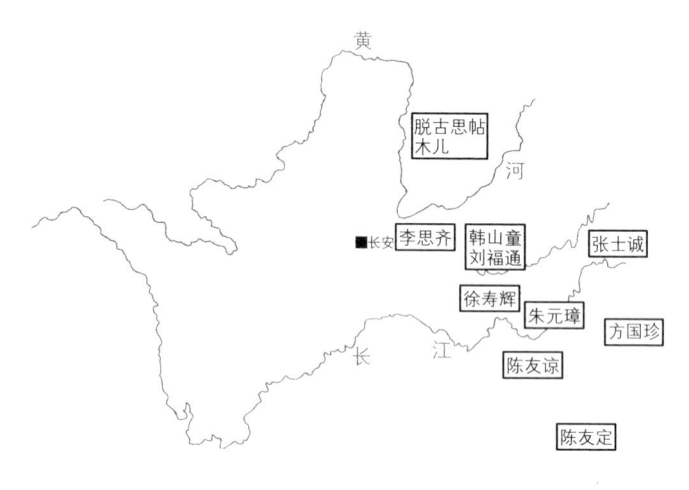

△元末群雄逐鹿

一 红巾军起义

小和尚成了副元帅

*红·青·黄

蒙古人建立的元朝有着很多面貌：成吉思汗一统欧亚大陆的霸业、马可·波罗眼中的东方先进大国、马致远（元曲大家）笔下的士大夫象牙塔……事实上，当时大多数的中国人都在水深火热之中——蒙古官员的贪污腐败跟元帝国的军事武力一样空前，甚至小到制造一张弓，都要受到好几个官员的"监制"，每一个人都要从那张弓上面榨取一些好处，以维持自己的享受。汉人和南人都心知肚明，除非赶走"鞑子"，暴政不会终止。

因此，当白莲教以"明王出世""弥勒降生"号召群众起义，民间立刻风起云涌。更恰巧的是黄河决口改道"夺淮入海"，洪水冲毁了六百里狭长地带上的所有田地、村庄，数十万无家可归的饥民，为义军提供了无穷兵源。

白莲教的起源是佛教净土宗，经过白莲宗等的演化，中间掺入祆教、景教、摩尼教等外来宗教元素，在元末成为饥民的来世寄望。他们冀望弥勒降生可以拯救苍生，并在彭莹玉的奔走传布下，形成许多股反元红巾军。

从南北朝开始有"将来有弥勒佛方继释迦而降世"的说法，隋炀帝时就有以弥勒佛为号召的起义，唐、宋亦然，也就是说，弥勒佛从来就是一个"革命菩萨"。

彭莹玉秘密传布的混血宗教，供奉弥勒佛和"明王"（既是菩萨的忿怒化身，又是祆教拜火的主神化身）。金庸武侠小说《倚天屠龙记》里的明教，以及明教五散人中的彭和尚彭莹玉、布袋和尚说不得，都取材自元末白莲教。

最初几股白莲教起义都被扑灭，直到韩山童跟刘福通起义（也就是传说中月饼馅藏字条"八月十五杀鞑子"那次），韩山童自称"明王"，军队以红巾裹头为记，一时风起云涌，各路义军都以红巾裹头（有些更身着红袄），通称为红巾军。

相对于红巾军的是青军，穿着青色制服，那是元朝官军和招募来的佣兵（官方称之为"义军"）。

另外有一些地主招募来保家卫乡的团练，以黄布包头，称黄包军。

朱元璋就出生在这个时代，他为了糊口寄居皇觉寺，皇觉寺僧多粥少时，他也曾出外云游（实质意义是托钵乞食）三年，回寺后眼界开了，心也大了，消息也灵通了（云游时结交的朋友），听说附近濠州（县治就在钟离）被红巾军攻下，头目是郭子兴、孙德崖、张天祐等，朱元璋于是决定就近投军。

濠州红巾军属于东路，韩山童出师未捷身先死，刘福通拥立他的儿子韩林儿为"小明王"，国号宋。江南起义军虽多以小明王为名义上的领袖，实质上则各自独立，郭子兴和孙德崖就是两支独立红巾军，联手攻下了濠州。西路红巾军领袖徐寿辉占领长江中游，自行称帝，国号天完。

朱元璋到了郭子兴大营，他身材高大，面貌极有特色（满脸麻子），这副丑相却让郭子兴对他印象深刻，复因朱元璋表现不俗，很快他就被任命为亲兵十夫长，也就是在大帅身旁当差。郭子兴对朱元璋有了更深的了解之后，将自己的养女马氏嫁给了他，马氏就是后来的马皇后，"元璋"也是这时改的名（以前名叫朱重八），还多了一个字"国瑞"。

濠州城内此时有"二王五元帅"（其实都是分散流动的武装组织，随头目高兴用什么称号），彼此之间互不相让，只有在元军来攻时团结守城，平时摩擦冲突不断。朱元璋见此状，决定应该要有自己的部队，于是回到家乡募兵。不到十天，募到七百多人，儿时伙伴徐达、汤和都来加入，朱元璋升为镇抚，一跃而为带兵官。

觇

小和尚胸怀大志于此时看出：才脱离寄身佛寺转而投军（换一个不愁吃饭的地方），很快就成为大帅贴身亲兵，又成了大帅的干女婿（军中称他"朱公子"），如果是普通角色，多半是春风得意，一边骄其同袍，吹嘘尊大，一边仰承上意，唯恐失宠。但朱元璋不是这等角色。

当时的红巾军山头林立，说好听是起义军，说不好听是土匪。一般土匪在攻占城池之后，多半满足于吃香喝辣的现状，朱元璋回乡募兵，很显然是想要做"义军"的事业，而不想当"土匪"。然而，新兵都是因为没饭吃而来，进了濠州城，耳濡目染，很快就融入那个"土匪文化"，不能"配合"朱元璋的大志。

同时，朱元璋看得很清楚，当时的濠州城是"一个池塘五条龙"，留在那里肯定没有前途，当个虾兵蟹将对着泥鳅耀武扬威不是他要的。于是他将七百人部队交出，自己带着徐达、汤和等二十四位弟兄（想必经他筛选过，能够"配合"他的大志），南向经略定远（今安徽定远县）。

定远当地有一些起义军，几乎都处在一个相同困境：缺粮。朱元璋用不同方法收编了三个山寨。"驴牌寨"是诱执其帅，得壮士三千人；又招降"秦把头"，得八百人；夜袭"横涧山"，降服二万人。这次定远行动除了收编二万多军队，更大的收获是人才来归：一组是冯国用与冯国胜（冯胜）兄弟，另一位是李善长。

冯国用跟朱元璋交谈，确定了"先取金陵"的战略；李善长初见朱元璋，就勉励他效法汉高祖刘邦，"平天下，拯斯民于水火"。事实上，李善长绝非拍马屁，他本人也效法萧何，不但是明朝开国第一功臣，更是明初建立帝国制度的首席宰相。

凭着在定远收编的军队，朱元璋攻下了滁阳（今安徽滁州市内），此时消息传来，郭子兴跟濠州其他王、帅不和，差点被杀，于是朱元璋将郭子兴迎至滁阳。郭子兴自称滁阳王，但滁阳事实上是朱元璋的地盘，郭子兴甚至一度"没收"朱元璋的兵权，朱元璋都没有怨言，反而态度愈发恭敬。

直到元朝宰相脱脱领兵攻打张士诚，攻克高邮后，分兵包围六合，两地都在滁阳附近，张士诚向郭子兴求救，诸将都不敢前往，只有朱元璋愿意带兵往援。后来元兵转向攻打滁州，朱元璋在滁水畔设伏，令前军佯败，引诱元兵渡河，然后朱元璋发动伏兵，滁阳城中军队也鼓噪而出，元兵败走。经此二役，滁州军队渐渐心向朱元璋。

郭子兴的两个儿子认为必须除掉朱元璋，阴谋在酒中下毒，害死朱元璋。可是消息走漏，到了宴会那一天，朱元璋跟二郭一同前往，途中突然坐骑跃起，抬头看天若有所见，然后骂二郭："我哪里对不起你们？刚才空中有神人告诉我，你们要在酒中下毒害我！"吓得两位小郭汗流浃背，从此不敢动念害朱元璋。

滁阳城粮食快吃完，朱元璋劝郭子兴攻取和阳城（和州州治，今安徽和县），跟元兵几番拉锯，攻下后又失去，元兵追至滁阳，派人招降。朱元璋命四门守军集合于南门，造成街市壅塞，元兵使者从南门进入，晋见郭子兴。诸将多半建议杀了使者，朱元璋说："杀了他，对方会以为我们怕了，才灭他的口，那将会促使他们攻势更急。不如用大话唬他，然后放他回去，对方将会有所顾忌而不敢前进。"郭子兴采纳了这个意见，隔天，元兵果然退去。这时朱元璋赶紧收拾败兵，急攻和阳城，城下，郭子兴任命朱元璋为和州总兵。

赞

朱元璋忍气吞声事奉郭子兴，因为他知道自己出身卑微，即使兵是自己的，城是自己打下来的，但是诸将都清楚自己的来历，必须有郭子兴的派令，才能让全军听令。这一点，跟曹操需要汉献帝（才能挟天子以令诸侯）的情况相近。

而他纵放元军来使的理由，却跟唐太宗不放突厥来使的理由恰恰相反，那是因为面对的状况相反：当年突厥兵已经打到长安城下，认定唐朝兵力不足，所以李世民只能正面迎敌，不能退缩；而元兵是追击败兵而到了滁州，不清楚城内兵力，所以朱元璋可以唬他。

朱元璋的忍耐终于在郭子兴死后看到效果，郭子兴麾下军队至此已经都愿意接受朱元璋指挥。

可是朱元璋却不能成为元帅，因为红巾军精神领袖小明王韩林儿（其实下命令的是刘福通）派使节到和阳宣读诏命：郭子兴的儿子郭天叙为元帅，郭子兴的小舅子张天祐为右副元帅，朱元璋为左副元帅。

仅仅三年，投军小和尚已经成为副元帅，确实不容易。但是，此时的朱元璋已非吴下阿蒙，他说："大丈夫怎么能够受制于人呢？"不接受诏命。

(二) 龙盘虎踞

高筑墙，广积粮，缓称王

说不接受诏命，是表态不愿屈居郭天叙之下，却没有脱离红巾军的意思，因此朱元璋的旗帜仍然用小明王的国号"宋"，公文也用小明王的年号"龙凤"，这些都是遵循最高原则"低调壮大"的必要措施。

当时的情况：刘福通领导下的宋军攻下了开封，定为京师，傀儡小明王韩林儿安坐龙椅，派出三路大军对元朝政府发动总攻，攻下了今天山东、山西、陕西、内蒙古、辽东一带，甚至进入高句丽，只没能攻进大都（今北京）。元朝已经令不出大都，可是宋军也耗尽力量，南方的义军多半安于割据，不求开展，给了朱元璋极好的机会。

朱元璋的号召力提升，和州的军队多了，粮食渐渐紧张，于是他将目标指向太平（今安徽当涂县），那附近都是产米区。可是太平跟和阳隔着一条大江（长江），过江得有上千艘船只才济得了事，奈何朱元璋手下却没有水军。

或许那就是"天命"——巢湖一带的豪族俞姓、廖姓聚集了附近渔民自保，以水寇李扒头为统帅，泊船连寨，有千余艘大小船只，超过万人的水上武力。这支力量受到红巾军左君弼（非小明王系统）的攻击，连番败阵，李扒头派人前来和州，跟朱元璋通款曲。朱元璋亲自去到巢湖，劝他们"与其死守挨打，不如结伙渡江"，于是趁着梅雨季连下二十多天雨，"河坑尽平"，大小船只悉数到达和州。

有了水军，朱元璋（当时仍打着宋军旗号）舳舻齐发，乘风渡江，在采石与元兵遭遇，常遇春当时刚刚加入打第一仗，"挺戈跃而上，守者披靡"，诸军鼓勇跟进，攻克采石，缘江堡垒纷纷归附。

宋军士卒看见粮食牲口，抢都来不及，口中嚷嚷着要将之搬回和州。朱元璋见状，跟徐达商议后，将船缆绳通通斫断，推入江流，霎时江边空无一船，诸军士慌乱叫苦。

朱元璋下令："前面是太平府，子女玉帛无所不有，攻下任尔取用。"军士于是个个奋勇争先，两天后攻下太平城。

大军进城时，李善长已经在城门口张贴告示，严禁掳掠，违者斩首。斩了一个小兵之后,全军肃然,可是又担心军心不稳,教城内富户捐出金银财帛,分给将士。然后在庆功宴上将李扒头灌醉,捆住手脚,推入江中,完全掌握水军。

觇

红巾军起于苏北,攻城略地也多往北发展,基本上都是"陆军",而濠州城内"一个池塘五只龙"的困局,正源自他们都是"旱龙",所以没有能力渡过长江往江南发展。

朱元璋有了水军之后,竞争力立即超越了濠州五大帅,这是他脱颖而出的关键。

然而,朱元璋不愿留在濠州与诸帅搅和,却接受了巢湖的水泊草寇,又是什么考量?简单说,就是"竞争力"——有了水军,他就有能力渡江,有能力参与江南鱼米之乡的逐鹿大赛。后来的发展完全印证了这一点。

太平城耆老出城迎接朱元璋,其中有一位饱学之士陶安,朱元璋问他:"我想要攻取金陵,你的看法如何?"陶安说:"金陵是帝王之都,形势龙盘虎踞,又有长江之险,占据金陵，然后攻取四方，无往不克，那正是老天资助你的礼物啊！"（今天的南京当时官方名称是"集庆"，可是史书记载紊乱，称集庆、金陵、建康不一。）

这边还在商议要攻集庆，那边元兵已经攻来。青军（元朝政府花钱招募的佣兵，制服青色，官方称之为"义军"）元帅陈埜先跟大将康茂才水路分道兵临太平城下，朱元璋自己督战守城，事先命徐达到城外预设埋伏，内外夹击之下，陈埜先兵败被俘。朱元璋释放他，要他写信招降青军，隔天青军通通改为红色旗帜及头巾，然后朱元璋跟陈埜先讲好合攻集庆城，让他率领军队回去。其实，陈埜先并不是诚心归附，而朱元璋也明白。

宋军如期攻打集庆，陈埜先跟元兵统帅福寿联合，在秦淮河畔夹击宋军，宋军大败，郭天叙跟张天祐都战死——朱元璋借刀杀人成功。而陈埜先则在追击宋军时，被恨他的反元乡民偷袭刺死，朱元璋率军回到太平，将士家属则被送回和州。

隔年春天，朱元璋水陆并进再攻集庆，陈埜先的儿子陈兆先率领陈埜先旧部屯驻城外，才一接战就败阵投降，朱元璋释放陈兆先，并且选择陈兆先的部下五百人纳入麾下。那五百人都惶惧不安，朱元璋下令，当天夜里由他们负责自己的宿卫，环绕主帅帐篷四周的帐篷里，都是陈兆先的部下，原本的近卫都睡到外围帐篷。主帅帐篷里只有冯国用一人相伴，朱元璋本人卸下战甲，安寝直到天明，于是所有人都不再惶惧了。

集庆城顺利攻破，元兵统帅福寿战死，陈埜先手下大将康茂才率众来归。朱元璋将集庆改名应天府，取"上应天命"的意思，并召集地方父老讲话，说："元朝失政，生民涂炭，我来是为民除害。你们各守原本职业，不必担心。贤能君子愿意相随立功者，我会礼遇重用；原本不好的法令，一律废除。"

赞

本章写到这里，从朱元璋身上看到本书前面很多人的影子：

砍断船缆让军士没有退路，有项羽"破釜沉舟"的影子。

用"前面太平城有的是子女玉帛"激励士气，有曹操"望梅止渴"的影子。

卸甲安枕由降卒宿卫，有刘秀"推心置腹"的影子。

召集父老讲话，尽除元朝苛法，有刘邦"约法三章"的影子。

于是印证了前章说的，虽然朱元璋是小沙弥投军，可是他人在军中却看了很多书，学到这些开创大业的前人故事。更由于他胸怀大志,在状况需要时,能将这些成功的作为,复制到自己的事业上。

拿下集庆之后,朱元璋派出将领攻取周边诸县,扩大势力范围,陆续建置镇江府、广兴府等,接受诸将推举为"吴国公",建立政府。

当时的起义军,稍有规模就称王、称帝,为什么朱元璋只称"公"?

因为有一个人给了他一个建议,"高筑墙,广积粮,缓称王",也就是将应天府修筑成为敌人攻不下的城池,积聚足够打天下的粮草(只要粮草足,不愁没兵源),同时不急着称王,以免树大招风。这个建议符合朱元璋最初的"低调壮大"原则,而且更清楚、易记且具体。

提这个建议的名叫朱升,曾经在元朝做过学士的官,朱元璋在攻下徽州时,派人请来朱升当面请益。另一位当过元朝官的是刘基(刘伯温),朱元璋在平定浙江过程中,派人致函并重金礼聘之。跟刘基同时受聘的是宋濂,后来官居知制诰(帮皇帝起草诏书)——朱元璋在应天说的"贤能君子愿意相随立功者,我会礼遇重用"不是场面话。

赞

"高筑墙,广积粮,缓称王"九字诀流传至今,广受引用,但是后人多半死背句子,不通时势,反而误用了。

最明显的例子是清朝时的洪秀全,太平天国一路从广西打到金陵,然后就不走了,只派出将领四出征伐,几个王留在金陵城里享乐,乃至相互杀伐。后来各路军都失利,回守金陵,最终被湘军攻破围城,诸王都"进了天国"!

洪秀全应该读过朱元璋灭元的历史,可是他不能审度实情——当时的清政府并没有面临元朝末年那种天怒人怨、饥民满天下的情况。另外,朱元璋军纪严肃,人民都欢迎他的军队到来。相反的,当时人民爱乡保家,而太平天国军纪不佳,人民称之为"长毛贼",因此各地都自组乡团抵抗"长毛"。

(三) 鄱阳大战

灭陈友谅抚平东南

根据地龙盘虎踞却低调不称王,其实也因为形势比人强。当时朱元璋的势力范围可说五面受敌:东面元将定定扼守镇江;东南张士诚称吴王,据有江苏南部,并转掠浙西;东北青军张明鉴据扬州;南面元将八思尔不花驻徽州;西面池州是徐寿辉势力范围。由于元军主力都放在堵截流窜北方的宋军(小明王与刘福通)上,朱元璋先"吃"掉了镇江,然后攻取徽州、扬州,也就是吞并孤立无援的元军。然而,这样免不了就跟另外两大势力陈友谅和张士诚,开始产生摩擦。

张士诚是贩卖私盐出身，不属红巾军系统，此处暂且按下不表。陈友谅原本是西路红巾军徐寿辉的部下，徐寿辉起义时打的也是白莲教红巾军旗号，可是跟韩山童（刘福通、小明王）不相统属，势力范围在长江中游，且是群雄中最早称帝的一个。陈友谅读过书，"姿貌丰伟，膂力过人，优于武艺"，当过元朝的狱吏，个人条件优于当时逐鹿群雄。

投入徐寿辉的"天完帝国"后，陈友谅先担任文书幕僚，后来成为"打金场"（打造兵器）的总管，并且将武昌打金场建设成为造船中心，天完帝国拥有当时最强大的舰队，研制出"混江龙""塞断江""撞倒山""江海鳌"等功能各具的大型战舰。陈友谅晋升为领兵元帅后，迭建战功，将势力伸进江西，然后挟持徐寿辉，迁都江州（今江西九江市），并自立为汉王。

为了方便，我们称朱元璋为"明"，称陈友谅为"汉"——明、汉两军的势力接壤之后，两雄之争已经无可避免。

陈友谅并没有将朱元璋放在眼里，他高调声言要攻安庆，常遇春研判陈友谅会先攻池州，将精锐部队埋伏在九华山，而以羸弱部队守城，等到陈友谅军队开至城下，城上扬旗摇鼓，伏兵闻声杀出，绝其归路。内外夹击之下，陈友谅军被斩首万余，生擒三千人。隔月，陈友谅水军攻打太平，城破，明军守将全部殉节，双方第一回合较量互有胜负。

陈友谅攻下太平后，刺杀徐寿辉，自称汉帝，引兵从江州东下，直接威胁应天府，同时联络张士诚一同进兵，对朱元璋展开夹击。朱元璋手下群臣有人提议投降,有人建议逃奔钟山,因为钟山有"王气";只有刘伯温"张目不语"。

朱元璋私下召刘伯温来请教,刘伯温说:"先斩主张投降和逃奔钟山者,然后倾府库之财,以至诚凝聚军心。战术上则设下埋伏,攻其不备。成就大业就在此一举了。"

朱元璋召集军事会议,拟定战略后,单独将康茂才留下,说:"我有一个任务要交给你,可以吗?"

康茂才说:"惟命是听。"

朱元璋说:"你跟陈友谅是老朋友,如今陈友谅'入寇',我希望他提早到来,非你不可。你马上写一封信,派人送去给陈友谅,假装约好投降,做他的内应,要他尽快来。同时告诉他错误的我军配置虚实,让他兵分三路,减弱他的兵势。"

于是康茂才的密使乘着小船到了陈友谅大营。

陈友谅得信大喜,问:"康公现在哪里?"密使说:"现在负责守江东桥。"陈友谅:"那是座什么桥?"答:"木桥。"陈友谅吩咐密使回去,约定:"我到的时候,就呼唤'老康'作为通关密语。"

康茂才向朱元璋报告,朱元璋高兴地说:"此贼落入我的圈套了!"

朱元璋下令,拆除江东木桥,以铁跟石块重建,一夜之间完成。然后分派将领进入各个险要据点,布置斥候,山左者持黄旗,山右者持红旗。敌军到时举红旗,各军进入战斗位置。见黄旗一举,伏兵全面发动。

陈友谅的舰队到了,直冲江东桥,一看,傻眼了,居然不是木桥,是一座石桥(汉军纵横长江中游,多为巨舰,石桥无法焚烧冲破),惊疑之下,连呼:"老康!老康!"却完全无人回应,这才醒悟是康茂才诈降,立刻转向,派一万人登岸立栅。

明军这边,朱元璋全副武装在酷暑下督战,头上原本撑着大伞(盖),看见士卒挥汗如雨,下令撤去伞盖。诸将请求出战,朱元璋说:"不急,天快下雨了,各军先吃饭,吃饱了,等下雨时出击。"

当时晴空无云,军队正半信半疑间,忽然西北风吹起,不多久大雨如注。朱元璋下令举起红旗,前锋军冲出,拔起汉军立的栅,两军在大雨中战斗。一会儿雨停了,朱元璋下令击鼓,山左黄旗高举,徐达、常遇春等伏兵尽出,水军也由港内杀出,内外夹击,汉军溃败,争相逃回舰上,却刚好遇到退潮,巨舰搁浅在江边,被杀和溺死者不计其数,明军生擒战士七千余人,获巨舰百余艘,陈友谅乘舸(非战舰的大船)遁走,明军在他的旗舰中搜到康茂才那封诈降信,朱元璋嗤之以鼻:"这蠢蛋哪里是我对手!"

赞

> 陈友谅完全低估朱元璋,而朱元璋早就算定了陈友谅。
>
> 面对两大强敌夹击,朱元璋的战略是,在张士诚仍然狐疑未决时,就击败陈友谅。时间是第一要素,所以用反间计诱使陈友谅加速送上门来。
>
> 战术方面,汉军拥有超级无敌舰队,明军只有小型战船,因此朱元璋选定江东桥为诱饵,因为江东桥跨径窄,可以一夜之间完成改建,然后将明军的船只藏在江东桥内的港湾。等到汉军舍舟登陆,明军乃有了局部优势;再等汉军逃回船上,明军的船只才穿越江东桥孔而出。

汉军败退,明军追击,在采石又血战了一场,明军损失大将张德胜,但收复了太平,汉军则一路退回江州。朱元璋迅速接收俘获汉军得来的龙骧巨舰,明军舰队浩浩荡荡,水陆联军追击到江州,陈友谅这才发觉,以为"神兵自天而降",仓促间无法集结军队应战,带着老婆孩子夜奔武昌。一时之间,江西境内的汉军将领纷纷向朱元璋投诚,朱元璋于是据有江西。

隔年,陈友谅完成整补,建造超级巨舰:高数丈,上下三层，各层之间有马匹通道，船舱中可容纳数十艘橹桨小船，船身都用铁皮包覆，有了如此无敌巨舰，自认为必胜。于是倾巢而出，号称六十万大军，进攻洪都（今江西南昌市）。汉军全力猛攻，明军死战守城。洪都被围两个月，明军将领负伤、战死者很多。朱元璋的侄儿朱文正派人到应天府告急，朱元璋交代来人："回去跟文正说，再坚守一个月，我一定将陈友谅击败。"

朱元璋动员明军所有精锐部队，水陆军共二十万人，在开进鄱阳湖之前，就在进入长江的孔道设下三处伏兵，然后大军进入鄱阳湖。这时，陈友谅已经围攻洪都八十五天，听说朱元璋大军到来，就解了洪都之围，进入鄱阳湖迎战，一场中国古代历史上规模最大的水战于是展开。

汉军以巨舰连结布阵，展开数十里，"旌旗楼橹，望之如山"，气势夺人。朱元璋看见敌方布阵如此，对诸将说："对方巨舰首尾相连，不利进退，我已经想出办法。"然后将己方舰艇分为二十队，每队配置各种火器（当时的火器名称有火铳、火箭、火蒺藜、火枪等）与弓弩，并且下达指示："靠近敌舰时，先发火器，其次弓弩，船舰接触后以短兵器攻杀。"

大将徐达身先士卒，击败汉军前锋部队，杀一千五百人，掳获巨舰一艘而还，明军士气大振。大战于是开始，明军奋勇争先，汉军陷于被动，但是明军的伤亡也不小，双方战到日暮，各自鸣金收兵。

第二天再战，汉军坚持采用火攻。

等到黄昏时分,湖面吹起东北风,风向才转为有利。常遇春征调民间渔船,船上载荻苇、火药,船边扎草人,披甲持戟,其实船上只有几名敢死队,后面跟几艘轻快小舟接应。靠近汉军舰阵,顺风纵火,风急火烈,燃着汉军巨舰数百艘,一时烈焰满天,湖水尽赤,汉军死伤过半;明军追击,又杀两千余人。两军进入夜战,朱元璋的旗舰舟樯(桅杆)是白色,相当明显,陈友谅发现,但时间已晚,下令隔天集中兵力进攻。可是朱元璋却在晚上获得情报,下令所有船舰连夜将舟樯涂成白色。

隔天再战,汉军看见所有船舰都是白色舟樯,内心大骇,但仍坚持"斩首计划",朱元璋则一再换船指挥。最惊险的一次,朱元璋才刚换船,原来那艘座舰就遭炸碎。陈友谅喜形于色,一会儿看见朱元璋出现在另一艘战舰,乃大为沮丧。

双方鏖战到中午,汉军终于撑不住,溃败,抛弃的旗鼓器仗,满布湖面,陈友谅只能收拾残部,转为防守。

两军相持三天,汉军屡战屡败,两员大将见大势已去,投降了朱元璋,汉军内部军心动摇。陈友谅又气又恼,下令把抓到的俘虏全部杀掉泄愤;朱元璋却反其道而行,将俘虏全部送还,并悼死医伤,因而大得人心。汉军内部分崩离析,士气更加低落,经过一个多月的对峙,加以军粮殆尽,计穷力竭,陈友谅决定孤注一掷,冒死突围。

汉军大举突围,企图进入长江,退回武昌,遭到朱元璋之前预设的伏兵邀击。乱战中,消息传来,陈友谅在船上中流矢,"贯睛及颅"(从眼窝贯入头颅),于是汉军纷纷来降,陈友谅的"太子"陈善儿也被擒。

赞

朱元璋在汉军炮火下,九死一生而没死,陈友谅探个头就中了流矢身亡,这是不是"天命"?

或许是,但朱元璋的战术成功,才是鄱阳湖水战胜利的主要原因,否则运气再好也没用。

陈友谅是读过书且通过考试做官的,朱元璋则完全是自修,相信两人都读过赤壁之战。朱元璋这招"以寡击众用火攻"的灵感,应该是得自赤壁之战,但陈友谅却没有警觉到"起风了,且风向不利",才让明军轻易得逞。

然而朱元璋并不因胜利欣喜,反而对刘基说:"我不该去安丰的,如果陈友谅不是包围洪都,拖延了时日(八十五天),而是直接顺江而下攻打应天,我进无所成、退无所归,大势去矣,以此知道天命所归(非人力可以强求)。"

但是,这段话除了显现朱元璋有异常的自省能力(常人在失败后自省已经值得称赞,鲜有人在胜利之后还开检讨会),还表明陈友谅的战略错误是他"不得天命"的原因。

而朱元璋话中提到"不该去安丰"又是怎么回事？

安丰是小明王的都城，当时江北局势有了大变化，红巾军后援不继，被元军各个收拾，安丰渐渐成为一座孤城。就在明、汉两军"江东桥之役"时，张士诚的大将吕珍包围安丰，刘福通派人向朱元璋求援。刘基反对出兵"救驾"，可是朱元璋认为一旦安丰失守，应天将失去屏蔽，不能不救。结果明军在刘福通战死、安丰城陷落的最后一刻到达，救出小明王，暂时安置在滁州，成为朱元璋的傀儡。而当朱元璋出兵安丰时，陈友谅进攻洪都。

消灭陈友谅之后，朱元璋派大将廖永忠前往滁州迎接小明王，可是在瓜州渡过长江时，小明王所乘船只却沉没了！小明王既死，以李善长为首，群臣请朱元璋即位称帝，可是朱元璋只答应称吴王，并出兵征讨另一个"吴王"张士诚。

张士诚不是红巾军系统，不以信仰为凝聚力，因此他反反复复，屡次接受元朝招抚，又不断叛变，接受招抚的价码则一再提高。他的地盘都是鱼米之乡，人口多且富庶。

针对张士诚的性格（贪婪、反复、狐疑），朱元璋采取分段战略：不将张士诚逼到绝路，让他保持期待苟免之心。先攻击吴国北境淮水流域，花了半年时间，将吴军拘束在长江以南；四个月后，进攻湖州、杭州，切断吴国左右臂膀，对平江（今江苏苏州市）构成包围形势；三个月后包围平江，围城七个月攻下，张士诚自杀不成，被解送应天处决。

诸将凯旋，回到应天，朱元璋亲自在戟门（太庙前门，古时出师、凯旋都要到太庙告祭）迎接，并在论功行赏之后，宣布："今当北定中原矣，各努力！"隔天诸将入谢，朱元璋又说："我难道不想宴请诸位，尽一日之欢？可是中原未平，现在还不是为乐之时。"——朱元璋连"高兴一天"都不要，洪秀全大概没看过这一段，否则不会跟诸王在金陵享乐，卒归失败。

之后，朱元璋派将领征讨浙西，方国珍投降。接着平闽、平两广，南方底定后，北伐"驱除鞑虏"已经没有后顾之忧了。

(四) 大局在握

遥控各路远征军

在平灭陈友谅之后、征讨张士诚之前,朱元璋采取了一项军事行动:攻取湖、广、湘、汉诸郡,也就是将今天的湖南、湖北,包括河南南部纳入掌握。

在出兵之前,朱元璋跟徐达、常遇春论及荆襄形势,说:"襄阳是南北之襟喉,英雄必争之地。最近刚得到沔阳(今湖北仙桃市,元朝设沔阳府,是荆襄地区行政中心),譬诸树木,沔阳是树干,安陆、襄阳是枝叶,应该增兵沔阳,并尽快取得安陆、襄阳。"

朱元璋命常遇春为主帅出征，然后调邓愈为湖广平章政事（行省最高长官），并对他下达指令："常遇春出兵安陆、襄阳，你带兵跟在后头，凡攻取州郡，你都驻兵抚辑。我听说王保保（元朝将领）驻扎汝宁（今河南汝南县），他的作风如'筑堤壅水，唯恐渗漏'，你去，要爱军恤民，争取人民归心。人心所归将如同在他的堤防上穿穴，大水从穴中冲出，力少而功多。"

觇

朱元璋非常清楚，自己得以从小沙弥成为吴王，完全是因为元政权彻底失去人心，元失其鹿才给了所有逐鹿英雄机会。当时虽然元兵败相已现，常遇春有把握取得胜利，但是为了跟蒙古军队硬拼而耗损战力，等于减损自己在逐鹿战场的胜算，因此在大军后面跟随战地政务部队，争取战地人心，然后透过口语传播，松动敌方控制区的人心。

而上述跟徐达、常遇春的讨论，也显示朱元璋对战略形势很有把握，这在往后的统一战争中看得更加清楚——朱元璋不再自己领军，但所有远征军都在他的掌握之中。

在跟张士诚的决战过程中，泰州（今江苏泰州市）的战略位置重要，朱元璋派徐达挂帅征讨。这时，江阴水寨守将康茂才（骗得陈友谅团团转那位）报称："张士诚水军四百艘出长江口，另派小舟于江心孤山往来出没，动机不明。"

朱元璋随即谕知徐达："对方舰队出长江却停而不前，那只是想要分散我方兵力，你先派廖永忠回军水寨，本阵大军不可轻动。贼寇徜徊江上，待他自己师老兵疲，泰州必定失去抵抗意志，一旦攻克，江北将不战而溃。"一个月后，泰州攻克。

类似这样的"谕"，后来成为明军常态，朱元璋不断证明，他的判断与见解比诸将高明，而且常常在大军出动前，朱元璋已经掌握全局。

与张士诚大决战之前，朱元璋问徐达、常遇春："你们这次想怎么进兵？"

常遇春说："直捣平江（张士诚老巢），平江一破，其余诸郡自然瓦解。"

朱元璋说："不对。张士诚是盐枭出身，他的羽翼如张天骐、潘原明者，都是强悍角色，他们以江湖义气结合，一定会并力相救。如果我们径攻姑苏（苏州古名），而张天骐从湖州、潘原明从杭州出击，对方援兵四面合拢，我军难以取胜。不如分兵攻湖州、杭州，翦其羽翼，更让张士诚四面告急，疲于奔命。等到姑苏成为孤城，就容易多了。"

于是，徐达派李文忠攻杭州、华云龙攻嘉兴，自己率主力攻湖州。果然，张士诚派出援救各地方的军队都遇到挫折就撤回，于是张天骐、潘原明等先后投降明军，平江陷于三面受敌（另一面是太湖），围城七个月后，城破。

南方平定，朱元璋派徐达、常遇春领军北伐，问他们"计将何如"，常遇春仍然一展勇将本色，主张"直捣元都，以我百战之师，可挺竿而胜。都城既克，乘胜长驱"。朱元璋不同意，认为大都（今北京市）建都百年，城守必固，若悬师深入，大军顿于坚城之下，将陷入困境。然后他提出自己的北伐方略：

> 吾欲先取山东，撤其屏蔽；旋师河南，断其羽翼；拔潼关而守之，据其户槛。天下形势，入我掌握，然后进兵元都，则彼势孤援绝，不战可克。既克其都，鼓行而西，云中、九原以及关、陇，可席卷而下。[①]

简单说，先拿山东，再收河南，攻下潼关以扼山西与陕西咽喉，然后才进攻大都，攻下大都则山西、陕西就容易了。

短短几句，天下大局尽在掌握之中。他对地理形势的准确分析和对军事行动的成竹在胸，当然远远超过当时逐鹿群

---

① 《明史纪事本末·北伐中原》

雄，同时也让诸将不得不佩服。上述战略即使进展不顺利，也能在每一个阶段立于不败之地，因此诸将都能放心执行朱元璋的战略，也降低了可能出现"二心"的风险——不败就不会起意倒戈，主君算无遗策，则将领不敢反叛。

北伐军进展顺利，攻克沂州（今山东临沂市）后，朱元璋派使节谕徐达："要攻益都（今山东青州市），必须派精锐扼守黄河要冲，断其援兵。如果益都一时攻不下，就进取济宁、济南，这两城攻下，则益都、山东势穷力竭，如囊中物矣。"

及至山东平定，朱元璋再谕知徐达、常遇春："投降的元朝官吏不要留在军中，将他们和家属一齐送来应天府，跟我们的官员相处亲近，然后任用，方可无患。"

也就是说，朱元璋对大军所向都有掌握，而对军中情况也都清楚，还能预防范——已经发生、可能发生、期待发生的事情，都在朱元璋掌握之中。

远征军照既定战略继续攻取中原，拿下虎牢、陕县，潼关以东全在明军掌控之下。此时朱元璋抵达开封，集合诸将商议攻取元都，徐达认为，齐鲁河洛都已攻下，外围元兵遁逃的遁逃、观望的观望，元都已经是孤城，"必克无疑"。

朱元璋指着地图说："你说得固然都对，然而北平（当时应该还称元大都，后来才改称北平府）地形平旷，有利于骑兵作战，不可无备（蒙古骑兵）。应该派裨将为先锋，你本人督水路大军随后进发，粮秣由山东供给，军队'由秦驱赵'

（沿着漳河、大运河进军，万一战事不顺利就上船，蒙古骑兵遇河无用武之地），对方外无援军，内部惊惶，可不战而下。"

果然，元顺帝不断接到战报，之前大都内部又发生过一次流产兵变，兵变虽不成功，元顺帝却已丧胆，每天在内殿徘徊，最后叹口气说："岂可重演徽、钦往事（北宋二帝被掳）！"半夜三更带着后妃、太子，开健德门（元大都西北角城门），过居庸关到上都（今内蒙古锡林郭勒盟境内）。

朱元璋这才称帝，国号明，是为明太祖，以应天府为南京，开封为北京。

明军诸将扫平周围城关后，明太祖命常遇春、李文忠继续北伐进攻开平，元顺帝不战而走，蓟北（今河北北部、内蒙古一带）通通平定。

元朝至此算是亡了，之后明军继续扫平山西、陕西、四川、云南、贵州，完成天下一统的过程，也都是由明太祖"谕知"远征军战略——天下大局尽在他掌握之中。

赞

北伐军后来由李文忠统帅，一直追亡逐北到应昌、北庆州、红罗山（都在今内蒙古境内），并且打听清楚元顺帝已经死了，消息报到应天，朱元璋认为他"克知天命"，特别给他谥号"顺帝"，这是历代亡国君主所没有的"殊荣"(因为其他亡国之君都没有后继君王给他谥号)。

朱元璋更亲自写祭文:"生死废兴,非一时之偶然,乃天地之定数。(你的祖先能够横行中国)非天命不至此。(可是到你却天下大乱)朕干其时,非有三军六师以威天下,乃代君家而为民主(指人民之主),亦莫非天命也!"

这个时候,朱元璋似乎相信他自己确实"上应天命,该当天子"。否则,怎么可能从一个吃饭都成问题的小沙弥,到能够让天下英雄都甘拜下风,前后才十五年!

然而,沉醉成功不是朱元璋此时所想的,他跟刘邦一样,开始思考"谁会危及我的子孙?"

五 诛杀大臣

削除帝国权杖上的蒺藜刺

朱元璋从投军到一统天下,大致上分三个阶段:江北时期(由小卒到大帅)、应天时期(称吴公到称帝)、洪武时期(在位三十一年)。前两个阶段都有大量人才投入阵营,可是从当皇帝第三年,他就开始诛杀这些帮他打天下的功臣。

第一个被杀的是丞相杨宪。

杨宪是应天时期加入,被归为"浙东集团"(后世史学者所归类,相对于江北时期加入的"淮西集团"),所以跟刘基(刘伯温)要好。朱元璋称吴王时,任命两位"相国"李善长和徐达，徐达是远征军主帅，相国头衔是对他表示尊崇，实际政务都由李善长负责，因此淮西集团乃成为主流。

称帝以后，相国改称"丞相"，君尊臣卑的意味非常明显。有一天，明太祖将刘基召入宫中，问："我想用杨宪当丞相，你的意见如何？"

刘基何等聪明，一听便知道皇帝是想要平衡淮西集团的势力，他立即回答："杨宪不适合。"

明太祖问为什么，刘基说："杨宪'有相才，无相器'，丞相必须持心如水，论事不论人，包容跟自己意见不同者。"

太祖再问："汪广洋如何？"

汪广洋也是应天时期加入，但刘基仍然认为他"褊浅"（气量狭窄，见识浅薄）。

再问："胡惟庸如何？"

刘基说："初生之犊，将不免'偾辕而破犁'（鲁莽冲动而坏事）。"

朱元璋兜了个大圈子，终于说出最重要的一句："我的宰相，恐怕没有比先生更适合的了。"

觇

刘基在应天时期加入，算是浙东集团，他堪称神机妙算，是朱元璋的"诸葛亮"，朱元璋能够遥控各路远征军,刘基的谋划厥功甚伟。

朱元璋的本意应该就是要请刘基当丞相,因此当刘基对另外三人都认为不适合时,朱元璋认为刘基自己想当,于是正式出言邀请。

可是刘基却说:"我有自知之明,我的个性疾恶如仇,偏又不耐烦俗事,如果当丞相,会辜负陛下的恩典。天下何患无才,英明的君主用心访求就有,目前诸人,我实在不看好他们。"

刘基绝顶聪明,他很清楚朱元璋是想要压抑丞相的权力,并且已经预见,皇帝要利用朝臣之间的矛盾,"拉一派,打一派",所以坚决不干,置身权力斗争的圈外。

明太祖终于还是任命杨宪为丞相。

李善长感觉气氛不对,告病请求休养,这原本是试探皇帝的意思,而且真给他试探出来了:朱元璋毫不犹豫地批准,李善长回家养病,杨宪调升左丞相,汪广洋任命为右丞相。这两个被刘基评为气量狭小的丞相,果然相互不容,结果汪广洋被斗垮下台;而李善长又劾奏杨宪"放肆为奸事",杨宪因此问斩,汪广洋复职。李善长随后推荐胡惟庸担任丞相,并且排挤汪广洋。

胡惟庸一点都不"庸",正如刘基所言,他干练有为,有魄力、有野心，却失之太急切。汪广洋只是个"伴食宰相"，胡惟庸大权在握，朝廷大小事都由他决定，他唯一忌讳的只有刘基，于是他指使刑部尚书吴云检举刘基和儿子刘琏与民争地。胡惟庸奏请重办，可是朱元璋非但不批准，还将公文给刘基看。

刘基当时已经回青田老家养病，急忙飞驰入京，见了皇帝也不辩解，只是引咎自责，却也不敢回家，留在天子脚下保命。胡惟庸想出一计，借探病之名，带了医生去刘基宅第，热心帮刘基配药，刘基饮下药汤，觉得有东西积在胸中，其硬如石头、大小如拳，三个月后病情加剧，坐船回到青田，不久就死了。

那一年，朱元璋杀了第一位开国功臣廖永忠。

廖永忠从巢湖开始追随朱元璋，是明军水师第一勇将，攻取太平、集庆阶段无役不与，鄱阳湖之战负责泾江口伏兵，陈友谅死后，讨伐陈友谅之子陈理，战术成功，迫使其投降，立下大功。为此，朱元璋特颁"功超群将，智迈雄师"漆牌悬于门前。

之后廖永忠奉命去安丰迎接小明王回应天，乘船渡过长江时，船竟然在瓜州沉没，小明王溺毙！这是一段历史悬案，一般认为是朱元璋授意的，也有人认为是廖永忠表错情，但最可能是刘基授意。当时朱元璋仍然奉小明王的龙凤正朔（受封为吴公），应天政权众臣只有刘基始终反对"奉盗贼僭号"。另一个参考是，小明王死后，朱元璋自立为吴王，所有官文书从此都不再用"龙凤"年号（吴元年之前全改用元朝年号），文书中甚至称红巾军为"妖寇"！

廖永忠就因为这个"疏忽"，在鄱阳湖之战后论功行赏时，只封侯而未能封公。他后来虽然参与了平定割据四川的夏政权（明玉珍），以及漠北收拾蒙古遗兵作战，立下更多大功，却因被人检举"私穿绣有龙凤图案的衣服"，勾起了朱元璋心底的隐密忌讳，于是被冠了个"僭用龙凤"的罪名问斩。

在此之前，明太祖斩过朝臣，但都不及于开国功臣。斩了廖永忠，杀戒一开，第二个就没那么难以下手，而第二个就是胡惟庸。

胡惟庸从和州时就投入朱元璋阵营，跟李善长同为淮西集团，后来又跟李善长结为姻亲（胡的侄女嫁给李的侄儿），李善长"养病"期间斗倒了杨宪，就把胡惟庸拱上了丞相位子，另一位丞相汪广洋数上数下，有很长一段时间是胡惟庸"独相"。既然大权在握，胡惟庸又是个勇于任事的角色，当然凡事都得经他看过才能到达皇帝，趋炎附势之徒纷纷奔竞于他的门下。

有一天，胡惟庸老家旧宅的井里长出了竹笋，竹子高出水面数尺；又有人说，胡丞相祖父的坟冢，夜里会发光照亮天空。于是胡惟庸开始有"邪谋"——这是明史上的"诛心之论"。

然后发生一件事情，胡惟庸的家仆搞私人利益，经过关卡时，竟然侮辱关吏，关吏上奏，明太祖大怒，胡惟庸谢罪但辩解自己不知情，只杀了家仆。朱元璋此时又再追究刘基怎么死的，胡惟庸这下怕了，乃密谋发动兵变。

胡惟庸宣称自己家里的水井冒出了醴泉（甘甜的泉水），恭请皇帝御驾临幸，明太祖答应了。车驾出了西华门，内使（传达诏命的官员）云奇冲出拉住马衔，但是却因紧张而讲不出话来。明太祖大怒，命左右打他，棍棒齐下，云奇快被打死了，手臂仍然指向胡惟庸宅第。明太祖若有所悟，派人上城楼看望，发现有异状，于是出动羽林军包围胡宅，搜出墙壁夹层中藏有兵器，刀槊林立。

这下子事情严重了，南京城内掀起腥风血雨。胡惟庸本人在闹市被处以磔刑（凌迟剐），大狱牵连了一万五千人。有人提出要办李善长，明太祖没同意。之后十余年，明太祖只要看哪个不顺眼，就将他罗织入胡惟庸案，且只有唯一下场——处死。估计以胡案为名，明太祖前后杀了两万多人，而李善长则是在胡案发生十年后，被牵连而死。

再下一个是蓝玉案。

蓝玉是常遇春的小舅子，随常遇春从军，直到常遇春死后才被赋予独当一面的任务，但刚开始都是傅友德、冯胜等老将的副手。在一次远征漠北的行动过程中，大将军冯胜被检举藏匿战利品，明太祖诏令没收其印信，拜蓝玉为大将军"总管北征军事"。次年蓝玉大军深入捕鱼儿海（贝尔湖），突袭元朝遗兵大本营，只逃走了元顺帝的孙子脱古思帖木儿（逃走后被其部将缢杀）。忽必烈的子孙从此不再称雄。蓝玉则因此获封凉国公,明太祖将他比作卫青、李靖——等于将自己比作汉武帝、唐太宗。

此时,开国诸将都老了,蓝玉成为徐达、常遇春、冯胜、傅友德等之后,最能征战的大将军,他开始骄纵横肆,蓄养庄奴、鱼肉乡民,还把来查的御史赶走;大军凯旋夜抵喜峰关,守关官吏未能及时开门迎接,他居然纵兵毁门而入;更传出他染指元主(脱古思帖木儿)的妃子,害得那个妃子羞愧自杀。明太祖原本要封蓝玉梁国公,为此改为凉国公(梁凉同音,但一字之差,从河南到了甘肃),并且将这些"事迹"刻在凉国公的世袭铁券上,可是蓝玉仍不警惕。

终于,锦衣卫指挥蒋瓛告发"蓝玉谋反",下狱鞫讯后,供出四名侯爵、一名伯爵、数名尚书侍郎等高官参与共谋。皇帝大发雷霆之威,主谋"剥皮实草",与谋者除了斩首,还抄家、灭三族,株连蔓引,公侯伯爵、文武大臣被杀了一千五百人,明太祖手诏布告天下,更写成一本《逆臣传》。

至此,明太祖已经杀红了眼,连开国第一功臣徐达都不放过。徐达背上长了个痈,将好未好时,突然皇帝赐御膳,徐达谢恩后打开一看,居然是一只蒸鹅——医生曾嘱咐,他这个病绝对不能吃蒸鹅,而皇帝赐他蒸鹅用心就非常明白了。徐达含泪吃了那只蒸鹅(吃下去至少家人可保),不几天就死了。

太子朱标生性柔弱善良,他对父亲说:"父皇杀太多人,会不会有干天和(破坏天地间的和气)?"

朱元璋当场不回答，过了几天，他拿了一根刺杖（带刺的荆棘枝），扔在地上要朱标伸手去取。朱标见刺不敢伸手，朱元璋对儿子说："我现在做的一切，都是帮你去除杖上的刺，否则你将来怎么坐得稳江山？"

赞

如果只看"诛杀功臣"一个点，朱元璋跟刘邦的思考是一样的：削去帝国的潜在威胁。但事情不是那么简单。

刘邦杀的异姓诸王，如韩信、彭越、英布都各有封国土地、人民、军队，打败项羽之前说是有统属关系，其实更接近盟友性质，他们对刘邦的儿子既没有交情，也不会有忠诚，偏偏他们比周勃、樊哙等沛县老兄弟更会带兵打仗——刘邦的顾虑可以理解（即使不谅解）。

可是朱元璋不一样，他诛杀的功臣、大臣都是部下，没有一个是盟友，也没有一个拥有私人武力，兵变成功的可能性很低很低，几乎找不到他必须"削去荆棘刺"的理由。

有很多论点认为是他的"小沙弥自卑感"使然，但那事实上无法求证，因此不做讨论。比较理性的分析则是,朱元璋一心建立一个绝对皇权的帝国制度,像胡惟庸那种能够只手遮天的丞相,或蓝玉那种骄纵横肆的大将,都伤害绝对皇权,必须削去。

如果撇开诛杀功臣和大兴文字狱这两桩残忍作为,朱元璋"建立天命"的构想、规模和周密思虑,远非本书前面四位皇帝所能及,且由于朱元璋的出身条件差他们太多,更显朱元璋之不易。

(六) 绝对皇权

大明王朝的性格就此确定

明太祖朱元璋的历史形象是什么？最多的答案应该是"诛杀功臣"。由于株连甚广，几次党狱总共杀了朝臣四万人以上。从另一个角度思考，这难道不会危及朝廷的施政吗？

但事实上，洪武之治造就了一个盛世，加上后来明成祖的永乐之治，大明王朝国祚就奠基于这两代。而朱元璋的思考、作风与规模，更决定了明朝的朝代性格。

明太祖杀功臣，但是他也杀贪官、杀巨富、杀文人，这都源自他的卑贱出身。

他最痛恨贪官欺压百姓，下令贪赃六十两以上就要枭首，甚至"剥皮实草"——明朝各府州县衙门左首多为土地庙，剥皮刑场就在土地庙前，以致土地庙被称为"皮场庙"。

福建省两个参政"笞死奸吏"，中书省上奏，明太祖批示"有司多不法，为下所持，任其纵横，莫敢谁何。今两参政能置奸吏于极刑，所谓惟仁人能恶人也"，特颁玺书劳勉。主管官员贪污，因此被下面的人抓住把柄，只好听任下面为所欲为。这两个参政能够将贪官污吏处以极刑，其实是基于对百姓的仁爱而整肃奸人。

他也恨地主富农，那源自他幼时父丧无地可葬的惨痛记忆。他当皇帝后，将江南一带的地主富户迁往他的老家凤阳（朱元璋取"丹凤朝阳"之意，赐名家乡"凤阳"）；统一后，又徙天下富户于南京。他跟巨富沈万三交好又翻脸的故事不赘。

另一个故事可以简单说说。一位江南富户有朋友从南京来，问起京城有何新闻，朋友说京城人流传一首皇帝新作的诗：

百僚未起朕先起，百僚已睡朕未睡。
不如江南富足翁，日高五丈犹拥被。

京城人传颂此诗，是盛赞皇帝勤政。可是这位富户却心生警兆，变卖家财，买了一艘大船，装载所有财宝，举家迁往南洋。不久后，江南富户都被籍没（财产没收，人员流放），几无幸免。

杀文人也就是大兴文字狱，奏章或文章中出现"光、秃、僧、贼、盗"都被视为讽刺他的卑贱过去，甚至使用"则－贼""道－盗""生－僧"等音、形相似的字，都会被杀头，估计几十次文字狱，杀了不下万人。

如此恐怖统治，当然必须有一个高效率的特务系统支持，那就是锦衣卫。

锦衣卫跟朝廷机构（包括六部、都察院、都督府、三司）完全没有隶属关系，既要保护皇帝安全，又要监视文武百官、执法肃纪，"密缉而时省之"，也就是同时具有"缉"和"审"的职权，调查、逮捕、审判，乃至执行全包。

然而，明太祖虽然用锦衣卫做自己的爪牙，用它来监控、镇压所有官吏，乃至平民（"盗贼奸宄，街涂沟洫"都在锦衣卫的侦监范围内），但是当听说"锦衣卫多以非法鞫讯罪囚（也就是刑讯逼供）"后，他又下令将锦衣卫所有刑具烧掉，所有案件与在押人犯全数移到刑部审理。这个动作显示了朱元璋的内心矛盾——既要威权专制，又不想法网太密。

早在他还是吴王的时候，杨宪建议"治乱世用重典"，朱元璋对他说："老百姓做错事，犹如衣服积垢，加以浣濯就可以恢复清洁，人民犯罪也可以教化导入善途。用威刑让人民不敢犯法，那种治术太差了。"

觇

开国君王都想要帝国永续,但因为他们的出身不同,他们考虑的重点不同,于是采用的手段都不相同。

朱元璋用"杀"来建立威权,他认为震慑住功臣、官吏、富户、知识分子,就不会有人造反了;同时体恤广大劳苦农民,轻徭减赋、轻刑宽狱就能让人民归心。他本人非常体恤农民的劳苦,洪武年间几乎每年都有对某某地方减免税赋的命令。

但他没想到,他是赤贫出身,他的子孙却生下来就是龙子龙孙!他建立的绝对皇权让子孙能够肆无忌惮,锦衣卫一再扩大(东厂、西厂、内厂),恐怖统治无所不在又极尽残忍;他一再免赋,明朝后来却因一再加税,最终亡于一句口号"迎闯王,不纳粮"。

明太祖成就洪武之治,简单叙述他抓的几个重点。

第一抓生产。各地兴建大规模的灌溉及治水工程,农民因此有能力、有意愿扩大耕地面积,自然增加粮食生产量。

第二抓税收。随着耕地面积扩大,进行全国性的土地测量,建立完整的"鱼鳞图册"(以排列形状似鱼鳞而称名),然后进行全国人口户籍普查。最终编目完成全国的"赋役黄册"，成为收税和征役的根据。

第三抓基层。在农村建立"里甲制"，每一百一十户为一里，设里长；每里分为十甲，设甲首。这些基层组织同时具有传达朝廷政令与治安等功能，里长与甲首时有更替，因此又成为最早的基层自治组织。

以上都是大明王朝中央集权体制能够遂行的基础，由于生产、税收与地方保安能够安稳，明太祖乃可以一人专制。在胡惟庸案之后，明太祖废除了丞相和中书省，政务分到六部，直接对皇帝负责；蓝玉案之前，就将大都督府分成前、后、左、右、中五个都督府，同样由皇帝直接指挥。

赞

自秦始皇建立中央集权帝国制度以后，宰相（相国、丞相、大学士）的权力分三段被削。

西汉初期宰相甚至可以"封还诏书"，也就是相权有制衡君权的作用。虽然经过汉武帝时代的君权高涨，但是直到东汉还能看到"臣不敢奉诏"这样的语言。

到了唐朝，李世民成为唐太宗之前当过尚书令，于是贞观以后不设尚书令，只设尚书仆射（尚书省副首长），而中书令、尚书仆射、侍中（门下省首长），乃至六部尚书、侍郎，凡冠上"同中书门下三品"，就都是实质宰相，宰相人数多了，权力当然就分散（等于被削）了。

然后就是明太祖废丞相，他指定大学士入阁议事，但大学士官等只有五品，他当皇帝时没问题，后来逐渐行不通了，于是大学士都加以"三孤"（少师、少傅、少保）的二品头衔。然而，内阁大学士名为"拜相"，但职权行使必须皇帝签名用印，无论如何，宰相的权力又更小了。

除了削弱宰相权力，明太祖更规定，臣子对皇帝说话都必须跪着。古时候朝臣可以坐着跟皇帝议事；宋朝以后，皇帝坐着，臣子奏事必须站着；从明太祖以后，就只能跪着了。也就是说，从此官员见皇帝一律矮半截，清朝臣子甚至自称"奴才"。

明太祖还建立了一个羁縻知识分子的制度：八股取士。明军赶走"胡虏"之后，明太祖下令恢复科举，受尽欺凌的汉人、南人知识分子，当然视之为救星。可是明太祖没有要"与士大夫同治天下"，除了大兴文字狱，他规定"八股取士"的遗害更深远：天下士人为了猎取功名，一头埋进四书五经，满口孔孟却忘了孔孟之道，对社会、时事完全不晓，只会写空洞的八股文。

对于国家战略,他定下"固守内地,永不征伐"的最高原则。这个原则一度被他的儿子明成祖朱棣打破,可是后来的大明王朝基本上遵循这八字箴言。明长城以嘉峪关为西端就是例证,嘉峪关是北山与祁连山之间最窄处,而敦煌在嘉峪关以西,铁道距离三百六十三千米,国防线退到嘉峪关,等于宣告大明王朝不再"出塞"。

而朱元璋跟历代很多明君有同一个弱点:在立储一事上游移不定,后来更证明他选择错误。他一度想立燕王朱棣为太子,最后还是维持以文弱的朱标为太子,更在朱标早逝之后,立朱标的儿子朱允炆为皇太孙。他崩逝后,朱允炆即位,燕王朱棣发动"靖难之变",夺了侄儿的江山——幸好还是朱元璋的血脉。本书五位君主只有刘秀的儿子没有发生这个问题,另外四位只有曹操"选对",刘邦、李世民的选择都差点坏了"天命"。

无论如何,大明王朝的朝代性格,就在明太祖时确定了:皇权至上、内向自守、特务控制、八股取士。

跋
得人才者得天命

写完五位逐鹿胜利者之后，虽然仍旧无法得出"胜利方程式"，但是却对一句老生常谈更加肯定——得人才者得天命。

强调老生常谈，其实是因为一个感叹：乱世英雄逐鹿大赛的最后胜利者，未必是一位多么优秀的人。因为当时的"参赛者"就这些人，并不是"天"（假如有的话）派一个人格、能力都无瑕的人来，而是"天"只能在当时现成的人当中"拣"一个。

易言之，如果"被拣中"就是天命，那么，他的对手应该都不如他，但事实上却不尽然。例如，项羽比刘邦差吗？然而，最后"被拣中"的必定是手下人才济济。本书五位主人翁都满足这个条件，而且他们都求才若渴，又能识人用人，因此人才都乐为他们所用。曹操最终不得天命，是因为对手孙权、刘备具备同样特质。

项羽最终败给刘邦的一大原因，就是阵营中人才不济。

另外举三个最显著的反证：本书提及的更始皇帝刘玄，另外唐朝末年的黄巢、明朝末年的李自成，他们都曾打进前朝都城，并且坐上龙椅当起皇帝，可是都没能坐稳，都成为"败寇"，而且就没听过他们手下有什么卓越的文臣武将。

然而，由于五位主人翁的出身背景不同，他们的求贤作风也互异。刘邦和朱元璋是白衣出身，求贤诏言辞恳切：

> （周文王、齐桓公）皆待贤人而成名。今天下贤者智能，岂特古之人乎？患在人主不交故也！士奚由进？今吾以天之灵、贤士大夫，定有天下，以为一家。欲其长久，世世奉宗庙亡绝也。贤人已与我共平之矣，而不与吾共安利之，可乎？①

> 天下之治，天下之贤共理之。今贤士多隐岩穴，岂有司失于敦劝欤，朝廷疏于礼待欤，抑朕寡昧不足致贤，将在位者壅蔽使不上达欤。不然，贤士大夫，幼学壮行，岂甘没世而已哉。天下甫定，朕愿与诸儒讲明治道。有能辅朕济民者，有司礼遣。②

刘邦的诏书说：天下贤士每个时代都有，就看君主能不

---

① 《高帝求贤诏》
② 《明史·太祖本纪》

能结交贤士,我就是因为得到老天眷顾和贤士相助而得天下,希望能够国祚绵长,世世不绝。贤人既然已经跟我一同平定天下了,怎么可以不跟我一起治理天下呢?

最后那两句是刘邦特有的江湖气,朱元璋虽然也措辞恳切,表示"天下之治,天下之贤共理之",可是态度却谦虚多了。又说:如今贤人都隐居不出,是因为官吏没去敦请吗?是朝廷礼数不周吗?还是我的德行不足以招来贤士?

曹操、李世民就不一样了,他俩都是贵胄子弟出身,求贤的态度乃是上对下的。

> 自古受命及中兴之君,曷尝不得贤人君子与之共治天下者乎!及其得贤也,曾不出闾巷,岂幸相遇哉?上之人不求之耳。今天下尚未定,此特求贤之急时也。①

意思是,自古开国君主都是得到贤人才能治理天下,他们发现人才不是偶然的际遇,是在上位者主动寻求的,而现在正是特别需要访求贤才的时刻。

书中有述及,曹操非常努力罗致寒门士人,以对抗高门世家,因此虽然是上对下求才,但至少态度是积极的。

李世民就又不同了。

---

① 曹操:《求贤令》

> 上令封德彝举贤，久无所举。上诘之，对曰："非不尽心，但于今未有奇才耳！"上曰："君子用人如器，各取所长，古之致治者，岂借才于异代乎？正患己不能知，安可诬一世之人！"德彝惭而退。①

李世民出身于关陇执政集团，夺取政权是"换人做"，而非"打天下"，关陇集团现成有可以立即上手的各种人才，而李世民刚好有着收纳对手干部的肚量和因才器使的能力。所以他需要新进人才乃不是求贤，甚至不是访才，而是举贤。封德彝举贤不努力，而以"今世未有奇才"搪塞，被唐太宗修理"怎么可以诬赖一世之人"。

至于刘秀，他出身耕读世家，又曾游学长安，所以不会特别笼络士人，以邓禹为例，是主动前往追随刘秀。刘秀反倒是对待武将有独到之处，就是写亲笔信问候、慰劳，同时以实际行动让武人归心，例如昆阳之战激励绿林兵将领、轻骑巡视铜马部队、休闲装束接见马援、对赤眉首领说"不服气，我们重新打过"等。

换一个角度，他们五位由于出身不同，成功历程也不同，所谓"识才用才"，表现得自然不同。

---

① 《资治通鉴·唐纪八》

李世民跟另外四位最大不同在于，他的"初心"不是打天下，而是"换人做做看"。因为他生长在关陇执政集团，原来隋朝的人才（如李靖、封德彝等）他都认识，收服的对手人才也都因为交过手而认识，所以他需要的是量才器使。刘秀跟曹操原本有自己的班底，革命初期固然努力吸收人才，但刘秀在称帝之后、曹操在赤壁之后，其核心团队就不太有新血加入，他们需要的是展现海纳百川的气度（如推心置腹、跣足出迎）。刘邦和朱元璋则是赤脚打天下，他们靠自己辨认少年时期的弟兄或早期前来投靠的英雄豪杰，哪个是人才、哪个是坏胚，人才又能担当什么任务，他俩的识才天赋应该是最高等级。

无论如何，五位都有自己的一套，也有独特的领袖魅力，使得他们能够将人才聚集在自己身边而击败对手，也因人才鼎盛而让帝国长治久安。也就是说，兵多将广不是一定会赢得最后胜利，灭了前朝当了皇帝也不见得能建立天命，只有得人才者能得天命。